校企共育人才系列教材

物流企业关键岗位人才培训新模式
——校企共育

蓝少廷　编著

中国财富出版社有限公司

图书在版编目(CIP)数据

物流企业关键岗位人才培训新模式:校企共育/蓝少廷编著.—北京:中国财富出版社有限公司,2020.10

(校企共育人才系列教材)

ISBN 978-7-5047-7250-3

Ⅰ.①物…　Ⅱ.①蓝…　Ⅲ.①物流企业—人才培养—研究　Ⅳ.①F253

中国版本图书馆 CIP 数据核字(2020)第 186199 号

策划编辑	郭小草	**责任编辑**	邢有涛　郭小草		
责任印制	梁　凡	**责任校对**	杨小静	**责任发行**	敬　东

出版发行	中国财富出版社有限公司		
社　　址	北京市丰台区南四环西路 188 号 5 区 20 楼	**邮政编码**	100070
电　　话	010-52227588 转 2098(发行部)		010-52227588 转 321(总编室)
	010-52227588 转 100(读者服务部)		010-52227588 转 305(质检部)
网　　址	http://www.cfpress.com.cn	**排　　版**	义春秋
经　　销	新华书店	**印　　刷**	北京九州迅驰传媒文化有限公司
书　　号	ISBN 978-7-5047-7250-3/F·3218		
开　　本	710mm×1000mm　1/16	**版　　次**	2021 年 1 月第 1 版
印　　张	13	**印　　次**	2021 年 1 月第 1 次印刷
字　　数	145 千字	**定　　价**	46.00 元

前 言 PREFACE

面向工业2025年，国务院对我国劳动素质的升级提出了更高的要求，于2014年出台《国务院关于加快发展现代职业教育的决定》（国发〔2014〕19号）。紧接着教育部于2014年出台《教育部关于开展现代学徒制试点工作的意见》（教职成〔2014〕9号）、人社部也于2015年出台《人力资源社会保障部办公厅、财政部办公厅关于开展企业新型学徒制试点工作的通知》（人社厅发〔2015〕127号）。一时间，“学徒制”一词成为教育界和培训界的热搜。学徒制发源于英国，德国引进后转化为双元制，澳大利亚引进后转化为培训包，我国由中国物流与采购联合会培训部和教育部全国物流职业教育教学指导委员会共同引进，在上海市现代流通学校和上海顶通物流公司进行试点，由英国驻上海总领事馆文化教育处出面聘请英国培生颁证机构推荐的英国瑞尔学院负责技术辅导。试点成功后，再由教育部现代学徒制全国行业试点单位——中国物流与采购联合会授权上海环众咨询和东莞环众公司在全国推广并取得巨大成果。编写本书的目的是收集国内推广成功案例，对具有中国特色的中英现代学徒制培训体系的精华进行整理汇编，以期能抛砖引玉，让更多教育界和企业界的朋友共襄盛举，共同为我国人才升级而努力奋斗，让国内职业院校的产教融合与校企合作持续深化，使本书汇编的项目成果成为教育部 1+X 证书制度中的经典案例。

本书的前三章讲述了英国学徒制的基础理论和体系架构；第四章和第五章说明的是评估师的工作流程和能力要求；第六章和第七章说明的是内审员的工作流程和能力要求；第八章和第九章探讨的是英国的学徒在培训和工作中所拥有的权益；第十章、第十一章和第十二章列举了学校和企业学徒制的案例及课题文章，其中包含获得 2018 年教育部国家级教学成果奖的山东省潍坊商业学校，以及获得 2019 年中国连锁经营协会校企合作优秀案例奖的广东美宜佳便利店有限公司校企合作培训体系项目。

本书适合职业院校专业教师团队阅读，也适合企业人力资源主管和各部门主管阅读，同时，还适合教育科学研究团队或企业咨询团队阅读。本书可作为现场主管培训体系建设用书，也可作为操作岗位主管的培训体系建设用书。本书的实践案例表明，参与者对学徒制的评价是：具有解决教与学的矛盾、学与用的矛盾，解决培训质量控制的难题，提升校企合作效率，打破产教融合困境，清除教与学的对立，改善人才流动的瓶颈，缩短培训实践与降低培训成本等的优点。学徒的能力不仅要用定量的方式去评价，也要用定性的方法去评估。在英国的教育和培训理念中，学习分数和工作表现不仅是学徒自己的头等大事，也是评估师和企业应尽的责任。因此，学徒制的评估方法应充分满足各方的需求，保障每个人的工作质量符合颁证机构的要求。英国学徒制评估体系共有三层把关机制，从评估师到内审员再到外审员，都是为了确保学徒的能力可以长期地符合企业岗位及人才市场的要求。评估不但是对学徒在岗位上的能力评估，也是对评估师、内审员培训质量的评估。这样的机制能确保学徒的能力，还能确保学徒评估过程的合理性、效益性及可靠性。本书对评估师和内审员的工作流程也做了说明：评估师对学徒负责；内审员对评估师负责。由于评估活动是在人与人之间展开的，为了确保评估学徒能力的过程和结果是公平的，还会由内审员来检查评估师的工作。因此这样的机制可确保学徒的能力和工作质量，让企业和学校有意愿导入这样的培训体系。尤其是当评估师和内审员的能力也被颁证机构要求的时候，企业和学校会更加信任整个培训的体系和框架。在我国，学徒制的培训和导入是要下决心的，学校的教师要花时间，学徒要投入到工作中，企业要担起雇主的责任等。但这样的付出能让专业教师获得国际评估师的能力，让学徒具备国际职业标准岗位要求的技能，让企业掌握国际上培训新进员工或提升员工能力所使用的方法。

本书的完成要感谢我在英国的领导戴比·珊德利（Debbie Shandley）总裁，感谢她在工作上给予我的支持与栽培，让我能了解英国的现代学徒制培训是如何开展和实施的。也要感谢雀巢和康师傅的销售战略顾问刘乾宗及台北数位集团董事长蓝信彰，他们的协助让我对行业和市场需求有了更深的理解。同时还要感谢台湾文化大学财务学教授齐德彰和台湾环玮物流常务董事杨旭平两位前辈的耐心教导，感谢中国物流与采购联合会副会长任豪祥的悉心指导，感谢上海市现代流通学校校长李建成和上海顶通物流公司总经理张钦楷的鼎力相助。另外，还要感谢东莞糖酒集团董事长叶志坚和美宜佳便利店有限公司董事长张国衡的大力支持。最后，感谢上海环众咨询团队为本书提供材料，使得本书的内容更加丰富完整。

仓促付梓，疏漏在所难免，由于作者水平和能力所限，难免出现错误和疏漏，还望各位读者朋友批评、指正。

蓝少廷

2020 年 3 月

目　录

CONTENTS

第一章　评估的理论介绍

1. 评估和评价的不同。

2. 评估活动的流程。

3. 评估活动对不同角色的要求。

一、评估的定义

评估（Assessment）是一种证实并分析学习效果的方法，也能让评估师（Assessor）确认学徒（Apprentice）是否在既定时间内获得了岗位需要的知识（Knowledge）、技能（Skills）和行为（Behaviour）素养。在评估的时候，学徒可以展示他所学到的，评估师需要做出有效的评估计划让学徒更好地展示他的能力。评估和评价（Evaluation）的不同在于：评估是为了提高能力；评价是为了评判能力（见图1-1）。评估的目的偏重于帮助学徒成长，让学徒了解他们的优势与不足，使他们能够符合岗位标准，达到企业对他们在工作上的要求；评价的目的偏重于评判学徒的能力，让学徒了解他们最终得到的分数是否符合岗位或企业的要求。换言之，评估强调的是学习过程；评价强调的是学习结果。因此，评估是一个固定的、长期持续的培训过程，评估师需要按时评估学徒的能力并给予反馈，客观和科学地判断学徒是否达到岗位的标准。

图1-1　评估和评价目的的不同

注：来自Slideshare网站。

二、评估的层次与环节

1. 三个评估层次

评估分成三个层次：诊断性评估/初始评估（Diagnostic/Initial Assessment）、形成性评估（Formative Assessment）、总结性评估（Summative Assessment）。

（1）诊断性评估能够让评估师了解学徒的起点，包括学徒的学习能力和学习偏好，也就是学徒在培训前的能力程度，这使得评估师能够科学地为学徒定制（制定）和规划评估的流程。

（2）形成性评估能够让评估师了解学徒是否在学习的过程中，往正确的道路上前进。通常形成性评估是在培训的时候进行的，是为了确保培训和学习的效果，检查学徒学习知识的程度。

（3）总结性评估要求评估师能够做出评估决策和反馈，让学徒明白自己的能力是否达到岗位的要求。通常总结性评估是指在培训后进行的，确保学徒的能力符合岗位的标准的评估。

图 1-2 说明了三个评估层次的区别，1 代表学徒的起点，2 代表学徒的进度，3 代表学徒在培训项目中的目标。从图 1-2 中可看到，1 和 3，也就是起点和目标之间有一个空白的缺口，将其称为学

习缺口（Learning Gap）。若学徒的学习缺口太大，代表学徒要学习的知识和技能超出了他的能力范围，会增加培训项目的风险；若学徒的学习缺口太小，代表学徒要学习的知识和技能过于简单，会削弱培训项目的效果。因此，评估师要设立合适的培训目标，确保学徒的学习缺口不仅能降低项目的风险，还能保证项目的效果。

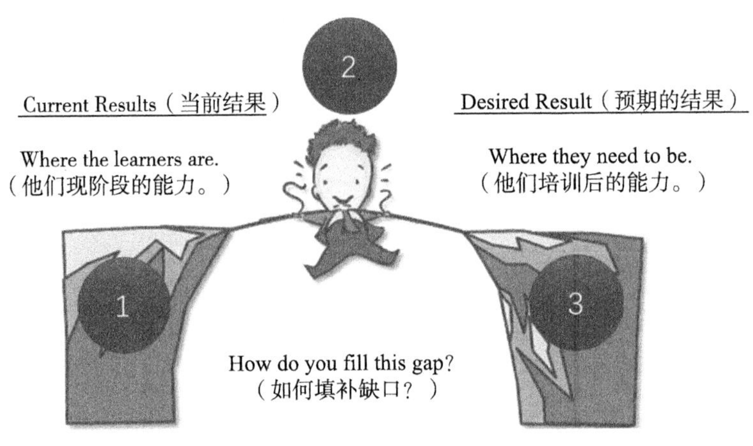

图 1-2　学习缺口

2. 五个评估环节

评估流程（Assessment Process）分五个环节：初始评估（Initial Assessment）、评估计划（Assessment Plan）、评估执行（Assessment Activity）、评估决策和反馈（Assessment Decision and Feedback）以及进度记录（Record of Progress）。

（1）初始评估要求评估师能够更全面地认识学徒，了解学徒是否已经具备了与岗位相关的知识或经验，也要求评估师了解学徒是否有特殊的培训要求，如评估的时间、评估所需的设备等。初始评估一般通过面试或填写申请表的方式进行。

（2）评估计划要求评估师和学徒能够共同制定出合适的评估方法（Assessment Method），评估计划还包括评估日期及时间和需要参与的相关人员等。

（3）评估执行要求评估师能根据评估计划展开评估活动，并确保学徒学习证据（Evidence）的产出。

（4）评估决策和反馈要求评估师能够为学徒的学习证据做出决策，根据岗位标准来判断学徒是否符合岗位能力的要求。若不符合，评估师应当给予学徒适当的反馈和建议，帮助学徒改善学习证据的产出，并与学徒沟通协商对于不符合的部分该如何进行改善。

（5）进度记录要求评估师制作学习进度表来管理学徒的进度，并通过进度记录分析学徒的学习过程是否存在其他的风险。

在平时项目的运营中，评估流程的标准化（Standardization）能够为评估团队带来增益，确保评估的质量以及评估决策的一致性和公平性。五个评估环节如图 1-3 所示。

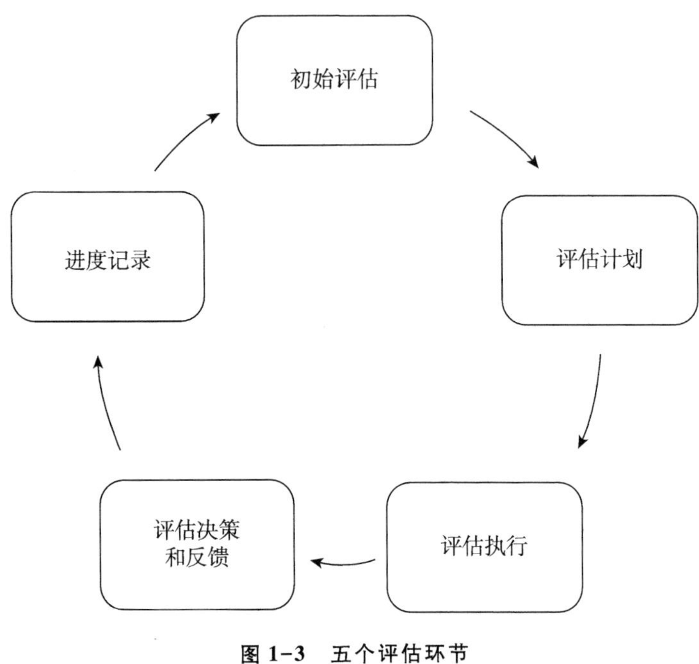

图 1-3　五个评估环节

三、项目直接相关方

项目直接相关方的职责如下表所示。

项目直接相关方的职责

对学徒的要求	对评估师的要求
（1）了解项目对自身的期望并与评估师合作； （2）介绍自己的相关岗位经验； （3）知道自己的学习进度； （4）知道改善工作的方式； （5）从错误中学习； （6）接受评估师的评估考核	（1）能够灵活运用教学和评估技巧； （2）跟进学徒的学习进度； （3）负责学徒的学习； （4）引导学徒自主学习； （5）诊断学徒的初始学习能力； （6）根据第三方的要求来执行评估； （7）做出评估决策和反馈； （8）在评估前帮助学徒做好准备； （9）与团队一同改善评估流程及标准； （10）接受内审员的质量管理考核
对评估方（培训方）的要求	**对第三方（颁证方）的要求**
（1）为学徒或企业制定学习框架； （2）管理各个项目中的学徒的学习进度； （3）帮助评估师取得培训或评估资源； （4）确保评估决策的一致性； （5）确保内部质量管理的效果； （6）管理学徒的信息； （7）提供“以学徒为优先”的培训环境； （8）根据第三方的要求进行管理； （9）接受外审员的第三方评估	（1）对培训方的项目和学习框架认证； （2）颁发培训合格证书； （3）确保评估方的管理符合要求； （4）为内审员和评估师提供指导； （5）提供外审（第三方评估）服务和外审报告

本章小结

1. 评估强调的是学习的过程；评价强调的是学习的结果。

2. 评估分成三个层次：诊断性评估/初始评估、形成性评估和总结性评估。

3. 评估分成五个环节：初始评估、评估计划、评估执行、评估决策和反馈以及进度记录。

第二章　评估体系

本单元重点

1. 培训体系的架构。

2. 培训相关方的职责。

英国学徒制体系如图 2-1 所示。

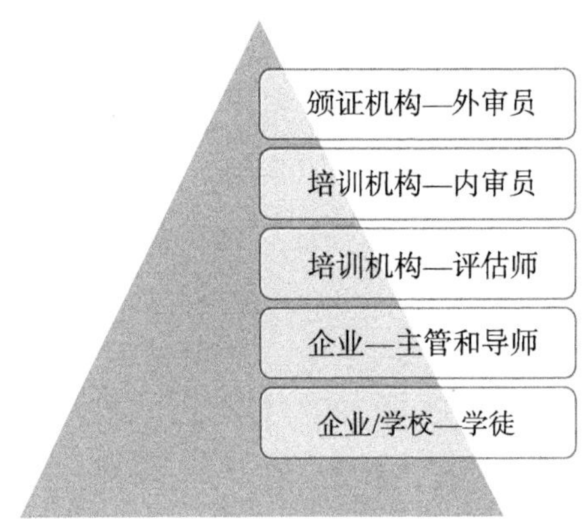

图 2-1　英国学徒制体系

一、学徒

学徒指的是接受培训的人员，是学徒制培训的主角，也是项目成果的关键。学徒有新进学徒和在职学徒两种：新进学徒一般从社会招聘或是从校园招聘，对行业、岗位和企业都不是特别熟悉，如应届毕业生、实习生或是其他行业领域的应征者；在职学徒一般是由组织内部推荐或是要求加强岗位能力的现任员工，对行业、岗位和企业相对熟悉，如其他部门的同事或是当前任职的人员。在学徒制中，学徒要学习岗位标准，并产出学习证据，证明自己的能力已经得到提升并符合企业的要求。

学徒在企业习得岗位能力如图 2-2 所示。

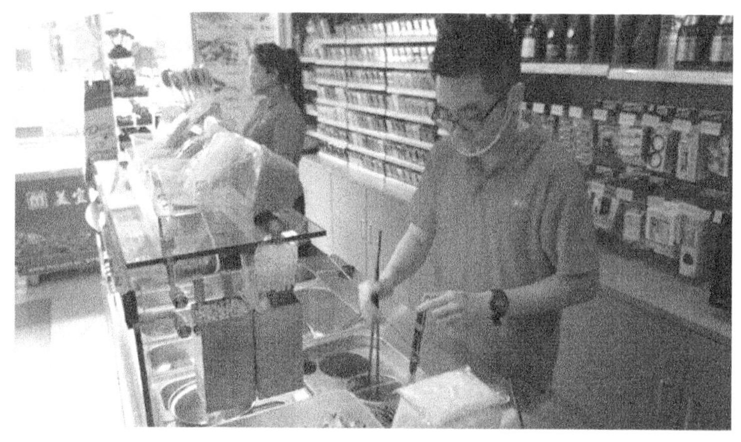

图 2-2　学徒在企业习得岗位能力

二、企业

企业指的是提供岗位的组织，是学徒的雇主，是培训环境的提供者，也是项目成果的受益者。在学徒制中，企业要负责分配企业导师或主管，也就是师徒制中的师傅，在日常中监督和安排学徒的工作，并传授学徒岗位能力和教授学徒企业的规章制度。

企业指派导师在工作岗位上指导学徒如图 2-3 所示。

图 2-3　企业指派导师在工作岗位上指导学徒

三、培训方——评估师

评估师受聘于培训方，是学徒制培训项目中的执行者，也是培训项目质量的第一道防线。评估师要根据学习框架来确保学徒的能力有所提升，并判断学徒的能力是否符合岗位的要求。

评估师向学徒提供工作能力上的反馈如图 2-4 所示。

图 2-4　评估师向学徒提供工作能力上的反馈

四、培训方——内审员

内审员受聘于培训方，是学徒制培训项目中的管理者，也是培训项目质量的第二道防线。内审员要根据培训机构的制度和颁证机构政策，保证培训和评估过程的质量。同时，内审员不但负责项目与评估师管理，也负责评估的标准化。此外，内审员也要负责企业调研与人才咨询，量身定做企业的岗位标准。

内审员在现场考核评估师的过程如图 2-5 所示。

图 2-5　内审员在现场考核评估师的过程

五、第三方——外审员

外审员受聘于颁证机构，是学徒制培训中项目的把关者，是培训项目质量的第三道防线，也是最后一道防线。外审员要通过内审员的调研结果，认证学习框架，并根据它来进行第三方评估。外审员要全面确保培训项目符合第三方颁证机构所要求的质量，包括学徒的岗位能力、评估师的评估能力、内审员的管理能力等。

外审员向内审员提供管理工作上的反馈如图 2-6 所示。

图 2-6　外审员向内审员提供管理工作上的反馈

评估质量管理中的三个角色——评估师、内审员和外审员，分别负责项目不同层面的质量管理。评估师负责项目的“点”（每个学徒都是一个点），负责学徒的学习和评估学徒的能力；内审员负责项目的“线”（每个评估师的评估流程都是一条线），负责评估师的评估质量和评估决策的一致性；外审员负责项目的“面”，全面性地评估项目的质量和效果，确保培训方按照第三方的制度去实施培训项目。

评估项目的点线面如图 2-7 所示。

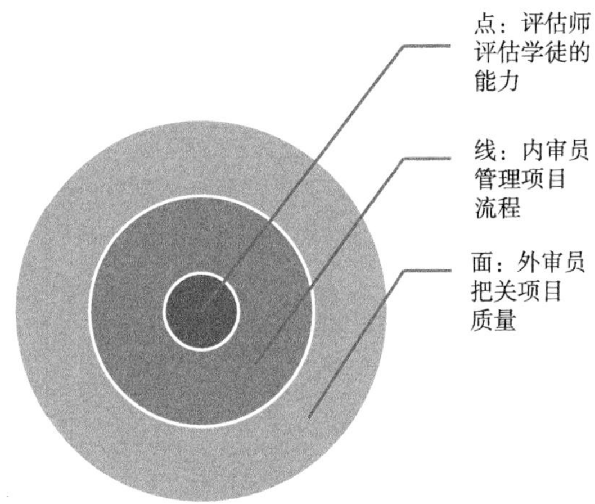

图 2-7　评估项目的点线面

本章小结

1. 学徒学习岗位应具备的知识技能与素养能力。

2. 评估师负责学徒的学习和评估学徒的岗位能力。

3. 内审员确保培训项目的流程符合评估标准。

4. 外审员确保培训项目的质量符合颁证机构标准。

第三章　评估框架

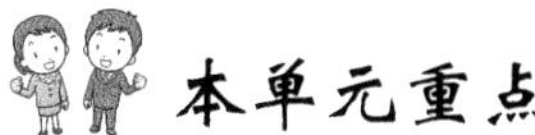

本单元重点

1. 英国证书等级的分法。

2. 英国证书单元属性。

3. 英国现代学徒制的评估方法。

一、证书等级

英国的职业资格证书等级是根据资格与学分框架（QCF）来制定的，英国现代学徒制仅涵盖了等级二~等级四的资格证书［等级五以上为学位学徒制（Degree Apprenticeship）］，其中将等级二（Level 2）的学徒制称作中级学徒制（Intermediate Apprenticeship），等级三（Level 3）的学徒制称作高级学徒制（Higher Apprenticeship），等级四（Level 4）的学徒制称作进阶学徒制（Advanced Apprenticeship）。各个等级对能力的要求也相对不同，英国 QCF 等级如表 3-1 所示。

表 3-1　英国 QCF 等级

等级	英国相关证书及课程（举例）	在中国与之对应的学历和年龄（参考）	能力等级关键字
0	关键阶段（Key Stage）3 课程	初中，12~15 岁	听说读写
1	普通中等教育证书（GCSE）课程 D—G 后段班	初中，15~16 岁	知和行
2	GCSE 课程 A+—C 前段班	初中，15~16 岁	理解和操作
3	英国高中课程（A-Level）中的预科课程	中职，17~18 岁	解释、组织和制作
4	国家职业资格证书（NVQ）4 或国家高级证书（HNC）	高职，19~20 岁	总结、研究、分析和管理
5	NVQ 5 或国家高级文凭（HND）	高职，20~21 岁	归纳、评估、领导和创新
6	—	本科，21~22 岁	推算、推理、优化和运营
7	—	硕士，22~24 岁	制定策略和修改方案
8	—	博士，24~28 岁	重新定义和发明

二、单元标准

通过学习单元，获得相应学分后，可获得职业资格证书。学徒要学习由企业从众多单元中选取的岗位所需的单元或通过调研重新调整得出的单元。学徒习得所有单元所要求具备的知识、技能和素养，方能通过培训。

（1）单元等级：同一个等级的职业资格证书所要求学的单元可能会包含另一个等级的单元，例如，等级三的职业资格证书所对应的单元可能会包含等级二或等级四的职业资格证书所对应的单元。

（2）单元学分：在英国，学习完每个单元可以获得相应学分。学分代表了单元的难易度和重要性。同时，同一个等级的职业资格证书对应不同的学分。如奖状（Award）为 1～12 学分；证书（Certificate）为 13～36 学分；文凭（Diploma）为 37 学分及以上。

（3）学习用时：因为每个单元的属性和对应的学分不同，各个单元都有建议的学习用时。学习用时会影响学习的效果，培训时参考学习用时能让效果最大化。

（4）单元属性：每个单元都有自己的属性，如知识单元、技能单元或混合单元。单元属性会影响评估师的评估方法和学徒的学习方法。

英国单元简述范例如图 3-1 所示。

Unit 1:	Health，safety and security at work
Unit reference number：	K/502/1072
QCF level：	2
Credit value：	3
Guided learning hours：	20

Unit summary

This unit is for those who take responsibility for their own health, safety and security in the workplace, and monitor the workplace for hazards.The job role involves contributing to the safety and security in the workplace, taking action in the event of an incident, raising the alarm, following correct procedures for shut down and evacuation, using emergency equipment correctly and safely, and monitoring the workplace for hazards.

Assessment requirements/evidence requirements

Assessment should be in the work place as much as possible.

Assessment methodology

This unit is assessed in the workplace, in conditions resembling the workplace and/or in a formal learning environment as appropriate. The types of evidence that are presented for assessment and the submission date can be entered against each assessment criterion. Alternatively, centre documentation should be used to record this information.

图 3-1　英国单元简述范例

注：为保证英文原版示范效果，未进行中文翻译。

三、学习目的、标准条文和评估范围

每个单元都会有学习目的，让学徒和评估师了解学徒在单元中学习知识和能力的方向。其中，学习目的可延伸出更多的标准条文，让学徒和评估师知道如何产出学习证据才能符合岗位要求。当单元中所有的学习目的都有学习证据来支持，并证明学徒具有符合岗位要求的能力时，学徒就可以继续学习新的单元。当评估师无法确定什么样的证据才能符合标准条文时，可以参考评估范围在如何取得证据或证据的形式方面的建议。

英国评估标准范例如图 3-2 所示。

Learning outcomes		Assessment criteria	
1	Be able to work safely	1.1	Take appropriate action in the event of fire, emergencies or accidents
		1.2	Identify where alarms,emergency exits, escape routes, emergency equipment and assembly points are located
		1.3	Demonstrate safe and appropriate use of emergency equipment
		1.4	Distinguish between different alarm sounds
		1.5	Comply with equipment operating procedures and manufacturers instructions
		1.6	Demonstrate safe handling and lifting techniques
		1.7	Demonstrate correct use and maintenance of any protective clothing and/or equipment
		1.8	Comply with personal responsibilities under the Health & Safety at Work Act/COSHH
		1.9	Identify who the nominated first aiders are

图 3-2　英国评估标准范例

注：为保证英文原版示范效果，未进行中文翻译。

四、评估方法

1. 正式评估方法和非正式评估方法（见表3-2）

在评估过程中，可以针对具体的岗位采用正式评估方法或者非正式评估方法。

表3-2 正式评估方法和非正式评估方法

正式评估方法	非正式评估方法
（1）作业； （2）案例； （3）作文； （4）申论题； （5）选择题； （6）现场观察； （7）引导式讨论； （8）项目； （9）证人证词	（1）脑筋急转弯； （2）简单讨论； （3）工作日志； （4）自我评估； （5）同侪评估； （6）角色扮演； （7）练习题

2. 11 种评估方法（见表 3-3）

下面介绍常采用的 11 种评估方法。

表 3-3　　11 种评估方法

序号	取证方法（中文）	取证方法（英文）	简称
1	观察法	Observation	Ob
2	证人证词法	Witness Testimony	WT
3	作业／项目法	Assignment /Project	A/P
4	工作产出测试法	Examination of Works Product	EP（为叙述使用方便未缩略为 EWP）
5	学徒汇报法	Learner Presentation	LP
6	个人陈述法	Personal Statement	PS
7	问答法	Question	Q
8	引导式讨论法	Guided Discussion	GD
9	学前资格认证法	Accredited Prior Learning	APL
10	练习册法	Work Books	WB
11	案例分析法	Case History	CH

（1）观察法（Ob）：观察学徒进行技能操作。采用该方法的优点和限制如表 3-4 所示。

表 3-4　　观察法的优点和限制

优点	限制
（1）可以直接观察学徒的技能； （2）可以看出学徒的操作错误	（1）要根据学徒的工作时间进行； （2）评估可能掺杂评估师的主观意见； （3）学徒可能现场操作失常

（2）证人证词法（WT）：由熟悉学徒的同事或熟悉岗位标准的主管来提供陈述证词，并肯定学徒的能力。采用该方法的优点和限制如表3-5所示。

表3-5　证人证词法的优点和限制

优点	限制
（1）可以确保学徒的能力是稳定的； （2）可以用于评估师不熟悉的业务	（1）要确保证人的可靠度； （2）要确保证词的可信度

（3）作业/项目法（A/P）：布置理论作业或实操项目让学徒做。采用该方法的优点和限制如表3-6所示。

表3-6　作业/项目法的优点和限制

优点	限制
（1）可以巩固学习效果； （2）可以培养学徒的研究能力	（1）必须先学习才有效果； （2）学徒可能错误理解题目； （3）可能会花很多时间； （4）评估可能掺杂评估师的主观意见

（4）工作产出测试法（EP）：考察学徒在工作中直接产出的成果。采用该方法的优点和限制如表3-7所示。

表3-7　工作产出测试法的优点和限制

优点	限制
（1）可以直接看到成果； （2）可以让学徒有成就感	必须检查成果的真实性

（5）学徒汇报法（LP）：学徒汇报自己所学的成果。采用该方法的优点和限制如表 3-8 所示。

表 3-8　学徒汇报法的优点和限制

优点	限制
可以评估学徒具有的知识、技能和素养	学徒可能会对上台汇报产生恐惧

（6）个人陈述法（PS）：学徒做记录并说明自己是如何达到单元标准的。采用该方法的优点和限制如表 3-9 所示。

表 3-9　个人陈述法的优点和限制

优点	限制
可以鼓励学徒自主学习	（1）学徒可能会对单元标准产生误解； （2）学徒记录的内容可能不够全面

（7）问答法（Q）：让学徒参加考试或向学徒进行提问。采用该方法的优点和限制如表 3-10 所示。

表 3-10　问答法的优点和限制

优点	限制
（1）可以是简单的是非题或复杂的申论题； （2）可以是口试或笔试； （3）可以激发学徒的潜能； （4）可以使用现成题库来提问； （5）可以培养学徒的思考和判断能力	（1）是非题可能无法体现学徒对单元标准的理解； （2）所提问题可能模棱两可； （3）所提问题可能过于复杂； （4）会增加作弊的嫌疑； （5）要事先对标准答案进行统一

（8）引导式讨论法（GD）：针对单元标准与学徒进行一对一的

对话。采用该方法的优点和限制如表 3-11 所示。

表 3-11　　引导式讨论法的优点和限制

优点	限制
(1) 可以用于难以观察或罕见的情况; (2) 可以评估学徒的知识点掌握情况并对技能点进一步确认和评估; (3) 可以询问学徒工作的流程	(1) 必须记得保存谈话记录; (2) 学徒需要提前准备; (3) 必须仔细听学徒的回答才能引导更多问答

(9) 学前资格认证法 (APL): 学徒已具备与知识与技能标准相关的职业资格证书。采用该方法的优点和限制如表 3-12 所示。

表 3-12　　学前资格认证法的优点和限制

优点	限制
可以减少学习和评估时间	(1) 必须确保职业资格证书的真实性、有效性和时效性; (2) 已具备的职业资格证书一定要与岗位相关

(10) 练习册法 (WB): 让学徒完成练习册。采用该方法的优点和限制如表 3-13 所示。

表 3-13　　练习册法的优点和限制

优点	限制
(1) 可以用在等级较低的培训上 (等级二~等级四); (2) 可以根据工作情况调整难度	学徒可能容易失去学习的兴趣

(11) 案例分析法 (CH): 学徒分析在企业中发生过的案例。采

用该方法的优点和限制如表 3-14 所示。

表 3-14　　案例分析法的优点和限制

优点	限制
可以减少学习和评估时间	（1）须确保案例的真实性和有效性； （2）案例一定要与岗位相关

本章小结

1. 英国所有的职业资格证书都是按照符合资格与学分框架的标准来做等级分类的。

2. 每个单元都有学习目的、标准条文和评估范围来引导培训活动的开展。

3. 常用 11 种评估方法来评估学徒的能力是否符合岗位单元标准。

第四章　评估师工作流程

1. 评估师完整的工作流程。
2. 评估工作的计划与执行。
3. 做出评估决策和反馈。
4. 评估结果的记录和管理。

评估师工作流程如图 4-1 所示。

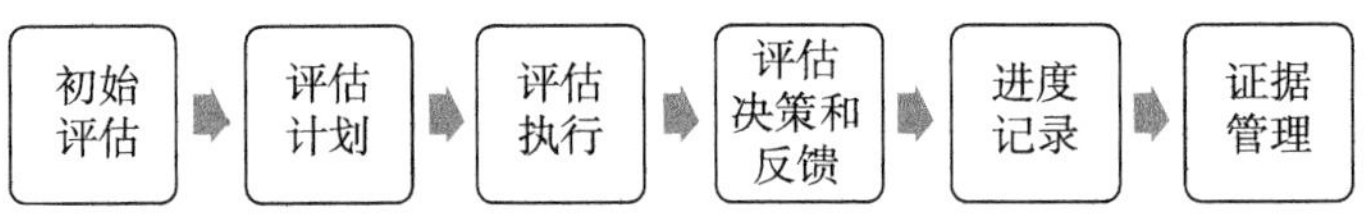

图 4-1　评估师工作流程

一、初始评估

初始评估能够让评估师在项目前期了解学徒，包括以下内容。

（1）学徒的学习需求。

（2）学徒对能力提升的期望。

（3）学徒对培训的期望，如激励方式。

（4）让学徒拥有讨论与合作的自信。

（5）项目需要的额外培训资源。

诊断性评估是初始评估的进阶，让评估师了解学徒在项目开始前具备的知识、技能和素养，以及更多学徒的信息，包括以下内容。

（1）确认学徒的学习偏好，如视觉型、听觉型和触觉型的学习偏好。

（2）确认学徒有取得学习资源的渠道。

（3）确认学习缺口的大小和位置。

（4）确认学徒的培训风险。

评估师对学徒进行初始评估，如图 4-2 所示。

图 4-2　评估师对学徒进行初始评估

二、评估计划

评估计划需要评估师和学徒双方共同确定，一份完整的评估计划主要包括以下内容。

（1）基本信息：学徒和评估师的姓名、项目名称、证书名称、评估范围等。

（2）评估方法：和学徒协商评估的方法。

（3）任务内容：根据标准条文制定任务内容以取得学习证据。

（4）截止交付日期：和学徒协商上传学习证据的截止交付日期。

由于单元、学徒具有异质性，所以不同单元、学徒的评估计划内容不尽相同。评估计划范例如图 4-3 所示。

<table>
<tr><td colspan="6">评估计划</td></tr>
<tr><td colspan="2">学徒姓名：王××
证书名称：L_3物流实操
评估范围：单元 15 物流作业中维持健康与安全
注册日期：2017/1/1</td><td colspan="4">评估师姓名：刘××
项目名称：上海环众咨询物流项目
预估完训日期：2017/4/1</td></tr>
<tr><td>任务内容</td><td>评估方法</td><td>对应标准条文</td><td>截止交付日期</td><td>证据命名格式</td><td>完成</td></tr>
<tr><td>录音 1：根据附件 1 中的问题来作答录音</td><td>PS
（个人陈述法）</td><td>1. 1
1. 2
1. 3
1. 4</td><td>2017/7/7</td><td>—</td><td>√</td></tr>
<tr><td>录音 2：根据附件 2 中的问题来作答录音</td><td>PS
（个人陈述法）</td><td>2. 1a
2. 5a</td><td>2017/7/7</td><td>—</td><td>√</td></tr>
<tr><td>附上单位的平面图并做标记</td><td>A/P
（作业/项目法）</td><td>1. 5</td><td>2017/7/7</td><td>—</td><td>√</td></tr>
<tr><td>记录工作一周内观察到的健康与安全隐患</td><td>A/P
（作业/项目法）</td><td>2. 3a</td><td>2017/7/7</td><td>—</td><td>√</td></tr>
<tr><td>用 Word 文档记录不同的警铃声并做解释</td><td>A/P
（作业/项目法）</td><td>2. 4a</td><td>2017/7/7</td><td>—</td><td>√</td></tr>
<tr><td>根据上面 A/P（作业/项目法）做一份汇报 PPT</td><td>LP
（学徒汇报法）</td><td>2. 3b
2. 4b</td><td>2017/7/7</td><td>—</td><td>√</td></tr>
<tr><td>录音 3：请主管根据或参考附件 2 的问题来作答录音，并录音文件直接发给评估师</td><td>WT
（证人证词法）</td><td>2. 1b
2. 2b
2. 5b</td><td>2017/7/7</td><td>—</td><td>√</td></tr>
<tr><td>录像：请同事帮忙，在你穿戴个人防护设备的时候把整个过程录下来，并且在穿戴的同时对动作和流程进行解释</td><td>Ob
（观察法）</td><td>2. 2a</td><td>2017/7/7</td><td>—</td><td>√</td></tr>
</table>

图 4-3　评估计划范例

1. 评估知识和技能

在制订评估计划时，要注意知识属性的单元和技能属性的单元所适合的评估方法不完全相同，知识和技能的评估方法如下表所示。

知识和技能的评估方法

知识的评估方法	技能的评估方法
（1）理论作业； （2）案例分析； （3）讨论； （4）考试（口试和笔试）； （5）汇报； （6）项目研究； （7）自我评估； （8）学前资格； （9）角色扮演； （10）测试题和选择题； （11）陈述	（1）实操作业； （2）自身案例； （3）工作产出； （4）观察； （5）项目落地； （6）学前资格； （7）模拟； （8）技能测试

2. 总体评估法

在制订评估计划时，评估师应熟悉标准条文并具备敏锐的判断力，这样用一种评估方法取得的学习证据就可同时符合多个标准条文，该方法被称为总体评估法。评估师可以依照学徒的岗位要求，分析该岗位的关键作业流程，并根据关键作业流程，使用总体评估法来制订评估计划。通过总体评估法，学徒能在一次学习证据取证过程中，获得符合多个标准条文的能力。若不使用总体评估法，评估师要学徒提供的学习证据数量会大量增加，造成不必要的资源浪费，而学徒也会重复学习，事倍功半。因此总体评估法的使用是对评估师的评估能力和岗位专业能力的挑战。

3. 作业布置法

在评估计划制订出来以后，评估师可以根据评估计划设计更多评估细节。通过作业布置法，学徒能够更清楚在执行评估时所要做的事，例如引导式讨论法中要回答的问题、观察法中视频拍摄需涵盖的内容或者工作产出测试法中要提供的文件格式与内容。作业布置法让学徒在取得学习证据时有更明确的方向，使评估执行环节更有效率。

三、评估执行

评估师抵达学徒的工作现场后，首先，要向学徒的导师了解学徒的工作近况，并询问是否有要加强培训或需要关注的事项。评估师了解学徒的工作近况之后，接着和学徒谈话、寒暄，让学徒感受到评估师的关怀。评估师还要检查学徒在工作上的出勤情况，确保学徒保持勤奋与工作热情。然后，评估师就要进入评估的主题，向学徒说明本次的教学任务和目的。评估师在确定学徒了解教学目的之后，就可以根据评估计划取证。评估师根据学习证据和学习心得与学徒展开讨论，给予学徒有效的反馈，并商定下次评估计划的内容。

四、评估决策和反馈

评估师做出评估决策的目的在于判断学徒的学习证据是否符合标准条文并做相应的记录。评估决策对学徒是很重要的，若评估决策确定学徒的学习证据已符合标准条文，则代表学徒的能力是能够胜任岗位的要求的。因此，评估师的决策必须是客观的。为了确保评估决策的合理性，评估师可以采用多种评估方法考察学徒的能力，如先观察后讨论等。评估师不应该给学徒的学习证据打分，因为学习证据只有符合标准条文和不符合标准条文两种情况。若学徒的学习证据不符合标准条文，则学徒必须重新取得证据，同时评估师可以尝试改善评估方法，比如问同一个知识点时采用不同的问法，有的时候学徒的学习证据不符合标准条文不是因为他尚未具备岗位知识，而是因为他不理解评估师提出的问题。当评估师不确定该如何做出评估决策时，需要向内审员请教或和其他评估师一起讨论。评估师在做评估决策时要认真考虑，不得随意。

评估师提供反馈的目的在于让学徒知道自己的学习证据是否满足标准条文的要求。反馈通常是在评估师做出评估决策后，再提供给学徒的。反馈能激励、鼓励和引导学徒的发展。反馈的方法可以分成以下几种。

（1）描述性：述说并解释可以提升改进的地方。

（2）评判性：简单总结证据的质量好坏。

（3）建设性：用正面的方式来反馈并激励学徒。

（4）破坏性：用负面的方式来反馈并让学徒检讨。

（5）客观性：以事实为证。

（6）主观性：以关怀为主。

五、进度记录

通过进度记录，评估师能明确地知道学徒在培训项目中的进度，包括单元完成度和学习证据数量等。评估师要制作学习进度表来管理学徒的学习进度，使学徒的进度一目了然。在现代学徒制培训项目中产出的信息记录要保存完善，并存放在学习资料夹中，为将来颁证机构的审核做准备。同时，评估师也能根据进度记录来了解学徒可以改善的地方；通过进度记录帮助学徒成长，帮助学徒克服学习上的困难。

检查学徒的进度记录能让评估师：

（1）知道学徒的学习进度。

（2）制定改善学习的方法。

（3）在学徒继续学习新的单元前，检查学徒已获得的知识和技能。

（4）了解学徒的学习状态。

（5）给学徒建设性的反馈。

（6）激励学徒。

（7）制订评估计划。

（8）为学徒提供更多的学习机会。

（9）了解培训计划的进度。

六、证据管理

评估师管理所有学徒的证据（指学习证据）。评估师需要帮助学徒建立学习资料夹，让学徒能够存放自己的证据。学习资料夹不仅用来保存证据，而且用来确保总体评估法的效果。若建立了与总体评估法对应的学习资料夹，学徒就不用为每个标准条文单独取得证据。学习资料夹中通常包括：

（1）学徒学习进度表。

（2）评估计划表和相应记录。

（3）作业布置表和相应记录。

（4）评估反馈和相应记录。

（5）原创证据保证书。

（6）总体评估交叉对比表。

（7）各种证据等。

本章小结

1. 评估师工作流程：初始评估、评估计划、评估执行、评估决策和反馈、进度记录、证据管理。

2. 初始评估的目的是让评估师在项目前期了解学徒。

3. 评估执行的目的是确保学徒按照计划学习，并且具备岗位要求的能力。

4. 评估决策和反馈的目的是让学徒知道如何在工作中改进。

5. 评估师要记录学徒的学习，以便开展下次的评估计划。

6. 评估师要做好学徒学习证据的管理，方便内审员和外审员审查。

第五章　评估师工作能力

本单元重点

1. 评估师要具备的素养和评估师的日常工作。
2. 评估技巧和杜绝作弊的方法。
3. 评估师实现可持续发展的方法。

一、评估素养

评估素养贯穿整个评估流程，是每个评估师都应该具备的基本素养。

1. 责任心

评估师要对学徒的学习负责，要让学徒知道评估的内容和评估的标准，评估师不得在学徒未准备好的情况下去评估学徒。评估师要对培训机构负责，在评估流程中坚持遵守培训机构的制度。评估师要对颁证机构负责，在评估流程中保证培训的质量。评估师要对企业负责，在企业现场执行评估时要遵守企业的规章制度。

负责任的评估师要尽心尽力，如图 5-1 所示。

图 5-1 负责任的评估师要尽心尽力

2. 成就指标分析

评估师要知道如何分析成就指标，并与其他的项目或培训机构比较。评估师要知道如何统计学徒的数量、合格证据的数量和在规定时间内完成的证据数量。评估师要具备自我审视的能力，不但要提升自己的竞争力，也要帮助培训机构提升在市场上的竞争力。

评估师要能分析学徒在不同阶段的能力，如图 5-2 所示。

图 5-2 评估师要能分析学徒在不同阶段的能力

3. 标杆管理

评估师要懂得标杆管理，要能够比较学徒的能力和岗位标准要求的能力之间的差异。评估师要能够利用标杆管理为学徒设立目标。如果有学徒无法达到“标杆”，评估师就可以依照标杆管理帮助学徒改善学习和工作。标杆管理也可以用来跟其他机构比较，了解自己的培训和服务质量在市场上的竞争力。

评估师可以将出色的证据作为标杆案例，如图 5-3 所示。

图 5-3　评估师可以将出色的证据作为标杆案例

4. 评价反思

评估师应该能够对自己所有的评估过程给出评价，了解自己的评估能力是否符合培训机构和颁证机构的标准，包括评估师资质的标准和培训机构的职责要求。评估师也要留意自己是否符合个别项目的能力和态度要求，例如配合学徒或企业的时间提供培训或以顺利完成项目为目的，做出贡献。

评估师要能对自己的工作进行反思，如图 5-4 所示。

图 5-4 评估师要能对自己的工作进行反思

5. 内部和外部的评估材料

内部的评估材料是由评估师或其他培训机构中的人员所制作的，例如作业、项目或问答内容，并在内部评估。内部的评估材料要和学徒学习的内容相关并适合学徒的能力。外部的评估材料通常是由颁证机构或外包公司提供的，例如线上统一考试。评估师要知道评估材料资源的取得方式，提升评估流程的效率。

展示咖啡拉花培训成果，如图 5-5 所示。

图 5-5　展示咖啡拉花培训成果

6. 职场发展

评估学徒的时候要考虑学徒在职场上的发展，也就是学徒进行哪些工作对学徒或企业最有利。所以，评估师要分析企业交办给学徒的工作如何与新的学习单元匹配。评估师要经常和学徒沟通，确保学徒每次学习的单元与学徒的工作内容相关。

评估师要关注学徒的职场发展，如图 5-6 所示。

图 5-6　评估师要关注学徒的职场发展

7. 公开透明

评估师要确保所有参与评估活动的人都理解培训和评估的目的，以及领导对项目的期望。评估师对标准条文的理解要透彻，这样才能和相关人员沟通，帮助学徒顺利习得岗位能力。同时，评估师要确保可以让所有的相关人员取得在评估流程中产出的所有文件。

评估师在项目中所用的材料要公开透明，如图 5-7 所示。

图 5-7 评估师在项目中所用的材料要公开透明

二、日常工作

（1）参加各种内部讨论会议、外部研讨会议、启动会议和汇报会议。

（2）检查证人证词的真实性。

（3）完成并保存所有记录。

（4）与其他评估师共同做出评估决策（若其他评估师未取得相关资格）。

(5) 遵守组织和有关部门的程序。

(6) 给学徒提供建设性、支持性和开拓性的反馈和指导。

(7) 排查和处理影响公平与公正评估的障碍。

(8) 根据内审和外审质量报告改进评估质量。

(9) 在评估环节中与相关人员沟通协调。

(10) 根据标准条文做出评估决策。

(11) 考虑自己的职业能力和职业发展。

(12) 与学徒共同协商并确定评估计划。

(13) 用不同的评估方法来优化评估流程。

(14) 提供培训相关数据给主管和组织。

(15) 反思自己的评估能力是否符合组织要求。

(16) 处理评估决策的申诉。

(17) 检查学徒的学习进度。

(18) 参与标准化会议并与其他评估师分享。

三、评估原则

1. VARCS 原则——如何确定评估决策

VARCS 原则适用于评估决策的环节，评估师要根据 VARCS 原则，来确保学徒的学习证据具备以下特点。

（1）有效性（Valid）：学习证据符合单元等级、学习目的和标准条文的要求。

（2）真实性（Authentic）：杜绝抄袭和造假。

（3）持续性（Reliable）：学习证据要能证明学徒的能力稳定并能维持下去（在现代学徒制的评估过程中，为了便于学徒理解学习证据应具备的特点，将 Reliable 引申为持续性）。

（4）时效性（Current）：学习证据创建日期可被追溯，并符合质量要求（在现代学徒制的评估过程中，为了便于学徒理解学习证据应具备的特点，将 Current 引申为时效性）。

（5）充分性（Sufficient）：学习证据数量充分以及种类多元化。

以射箭为例：若对学徒的要求是“能够射中箭靶”，那么符合 VARCS 原则的学习证据对应如下。

（1）学徒能够用弓与箭射中箭靶，而不是用其他工具。

（2）能够证明这支箭是学徒射出的。

（3）能够确保学徒射中箭靶不是运气使然。

（4）能够确保学徒的打靶记录是最新的。

（5）能够确保学徒使用不同的弓箭射中箭靶。

2. SMART 原则——如何布置评估作业

评估师在评估计划环节中，需要布置评估作业，用 SMART 原则来规划作业以确保学徒符合标准条文并提高执行效率。

（1）目标必须是具体的（Specific）：布置的作业能让学徒明白如何为评估做准备。

（2）目标必须是可以衡量的（Measurable）：布置的作业要能被测量，让学徒了解要交付的范围和次数。

（3）目标必须是可以达到的（Attainable）：布置的作业要符合学徒的能力，并能被合理实现。

（4）目标必须和其他目标具有相关性（Relevant）：布置的作业能展示出学徒的能力是可持续的。

（5）目标必须具有明确的截止期限（Time-based）：布置的作业有交付时间，让学徒知道何时提交。

以射箭为例，若对学徒的要求是“能够射中箭靶”，符合 SMART 原则的作业规划对应如下。

（1）学徒要使用符合国际标准的弓箭设备和场地射中箭靶。

（2）学徒在 10 次射箭机会中得分要高于 10 分。

（3）学徒能在 10 次射箭机会中射中红心 1 次。

（4）学徒要在不同天气下射中箭靶。

（5）学徒要在两周内完成并提交射箭记录。

3. WHW 原则——布置知识属性作业的思路

评估师在准备知识属性的作业时，可以通过 WHW 原则提高作业的质量和评估的效果。评估师准备好知识属性的作业后可以与学徒讨论，确保学徒能够理解题目，这样也能让学徒事先准备所需回答的题目。若学徒对题目不理解或是答得不理想，评估师可调整题目的形式或问法。

WHW 原则结构如图 5-8 所示。

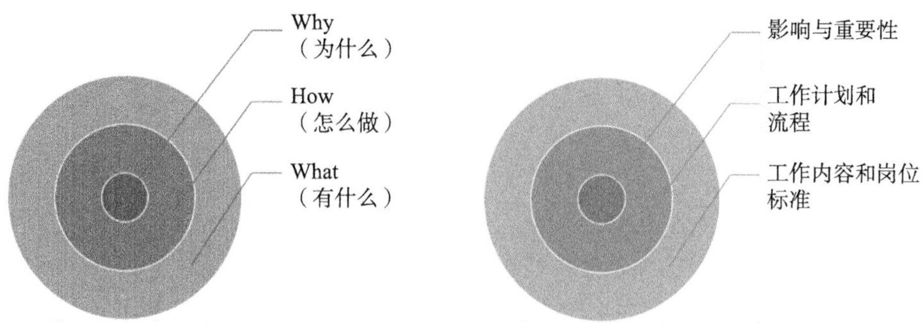

图 5-8　WHW 原则结构

（1）“What？——有什么？”

提问学徒该标准条文与学徒的工作范围有何关系，提问学徒对工作内容和岗位标准的理解。由此，评估师可以看出学徒的观察能力和理解能力。这是评估知识属性的入门标准。

（2）“How？——怎么做？”

提问学徒该标准条文与其工作计划和流程有何关系，提问学徒他在工作中是如何满足标准条文的要求的。由此，评估师可以看出学徒的沟通能力和规划能力。这是评估知识属性的标准中的要点。

（3）“Why？——为什么？”

提问学徒该标准条文对组织的影响与重要性等。由此，评估师可以看出学徒的分析能力和逻辑思维能力。这是评估知识属性的标准中最重要的。

四、提问技巧

评估师掌握了提问的技巧便能引导学徒回答问题，并且帮助学徒提高回答的质量。

1. PPP（Pose，Pause，Pick）

评估师通过提问、停顿、点名（PPP）可以让全班都仔细思考如何回答题目，但要准备好数量足够多的题目确保大家都能被点名。若点到的人无法回答，应鼓励他们猜测答案，因为猜测的过程同时也在培养学徒思考的能力。评估师在提问的时候，一次只能问一个问题，这样学徒的思路会更精准。

2. 提问方式

评估师在对学徒提问的时候，可以用不同的方式引导学徒回答。

（1）开放问法："你会怎么做？"

（2）封闭问法："你会不会这样做？"

（3）探索问法："为什么是这样？"

（4）暗示问法："那你有没有想过这种情况呢？"

（5）重复问法：“你可以再清楚地说一次吗？”

（6）引导问法：“所以你想说的是不是这个？”

（7）假设问法：“如果状况是这样的话，你会怎么处理？”

五、反馈技巧

评估师在给予反馈时，首先，要尽量用“我”不用“你”，也可以从第三方角度反馈，例如：“企业和颁证机构的要求是什么？”其次，建设性的反馈优先于破坏性的反馈。再次，告诉学徒具体改进的方法。最后，要以正面反馈结束反馈的环节（反馈的方法详见本书第 33 页）。

六、抄袭和舞弊

评估师不但要判断学徒是否共享了学习证据或抄袭了他人或网上现成的资料，还要确保所有的文书和签名不是伪造的。若学徒有抄袭和舞弊的嫌疑，评估师首先要向学徒提问几个与学习证据相关的问题，判断学徒是否有抄袭和舞弊的行为。若评估师有足够的证据确认学徒有抄袭和舞弊的行为，要立即质问学徒，并让学徒了解事情的严重性和处理程序。评估师可以采用 STAR 法则来判断学徒学习证据的真伪。STAR 法则是情境（Situation）、目标（Target）、行动（Action）、结果（Result）四项的缩写。STAR 法则是一种面试官常用的工具，用来收集面试者具有的与工作相关的具体信息和判断面试者能力。具体含义如下。

（1）情境（Situation）：事情是在什么情况下发生的。

（2）目标（Target）：你是如何明确你的目标的。

（3）行动（Action）：针对这样的情况分析，你采用了什么行动方式。

（4）结果（Result）：结果怎样，在这样的情况下你学习到了什么。

简而言之，STAR 法则就是一种讲述自己故事的方式，或者说是一个清晰、条理的作文模板。不管在什么情境下，合理、熟练地运用此法则，就可以轻松地应对面试官所提的问题，表现出自己分析、阐述问题的清晰性、条理性和逻辑性。

七、职业生涯的可持续发展

职业生涯的可持续发展（Continuing Professional Development,

CPD）不但包括评估师的职业发展，还包括专业领域的发展以及科技的发展。对于评估师来说，有一个完整和详细的 CPD 规划能更快地取得学徒、企业和学校的信任，甚至可以在培训机构中提升自己的竞争力。作为一个专业的培训人员，评估师要随时更新自己的知识和技能。CPD 的规划方法包括企业的正式培训和个人的非正式学习，CPD 规划可以是事先规划的，也可以是临时起意的，事先规划就是利用固定时间，临时起意则是利用日常碎片时间。在 CPD 规划中，评估师要提升自己的能力，而且还要思考如何把所学的知识与技能体现在岗位上。CPD 的规划方法如图 5-9 所示。

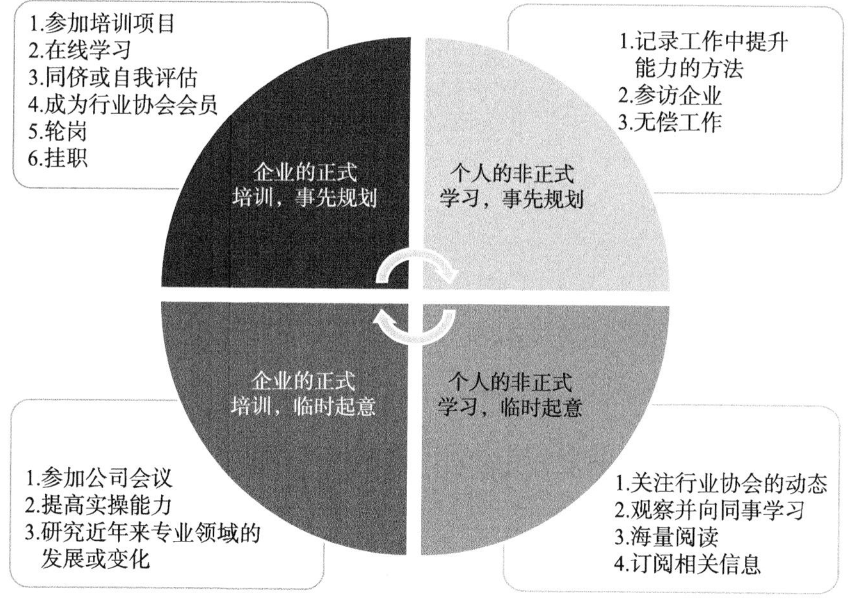

图 5-9　CPD 的规划方法

本章小结

1. 因为评估素养贯穿整个评估流程，所以对评估师来说十分重要。

2. 评估师的工作不仅包括对学徒的评估，还包括其他重要的评估管理工作。

3. 评估师要善用评估技巧来达到评估的目的，并预防抄袭和舞弊。

4. 评估师的能力要与时俱进，保持可持续发展和提高相关行业的知识与技能。

第六章　内审员工作流程

本单元重点

1. 内审员的项目管理流程和项目管理方法。
2. 内审员抽查证据和提出反馈的方法。
3. 内审员记录项目进度的工具。

一、项目管理流程

内审员要负责培训机构的项目管理，管理的范围从项目的启动到项目的总结。内审员的基础工作包括以下几点。

（1）人员规划和管理、时间规划和管理、评估规划和管理。

（2）到现场观察评估师的能力并提供反馈。

（3）对评估计划、学习证据和评估决策进行抽样。

（4）与项目相关方沟通协商。

（5）主持标准化会议。

（6）向评估师提供协助。

内审员是现代学徒制项目的管理者，负责项目管理流程，并确保所有的评估环节和记录都符合培训机构和颁证机构的标准。

项目管理流程如图 6-1 所示。

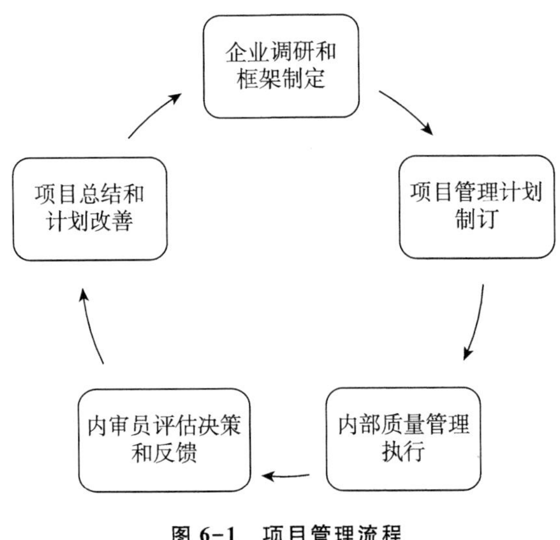

图 6-1　项目管理流程

1. 企业调研和框架制定

身为培训项目的管理者，内审员要确认项目的交付内容，其中最重要的就是确认项目大小，包括评估师的数量、学徒的数量和单元的数量。同时，内审员要确定培训项目的学习内容，包括证书等级、单元内容、学习目的和标准条文。内审员要先确定项目的时长和培训地点，再规划项目如何执行。

企业调研和确定学习框架如图 6-2 所示。

图 6-2 企业调研和确定学习框架

2. 项目管理计划制订

为了确保项目的质量符合各个相关方的需求以及顺利完成项目，内审员要制订多种计划和会议方案，包括项目计划（Project Plan）、抽样计划（Sampling Plan）、评估师观察计划（Assessor Observation Plan）、团队会议（Team Meeting）、标准化会议（Standardization Meeting）。内审员在制订计划和会议方案的时候，要和评估师沟通协商，并把评估师的资质与能力纳入考虑范围。内审员制订好项目管理计划后，评估师团队就可以开始评估。

3. 内部质量管理执行

内审员要负责以上计划的落地实施，并确保项目的质量。内审员要根据项目管理计划，随时监督项目的进度，确保学徒实际的学习进度与预计的学习进度相同。同时，内审员要随时向评估师提供帮助以便让评估师顺利完成评估流程。为了确保项目的质量，内审员要对学徒学习证据进行抽查，就像产品检验一样，保证学徒的能力符合企业的要求。此外，内审员还要亲自到评估现场，观察评估师评估学徒的过程。内审员要定期举行团队会议和标准化会议，通知评估师团队参加会议并评估标准的变化，讨论外审员提供的建议并统一评估决策，从而提高团队的评估水平。

4. 内审员评估决策和反馈

内审员要判断评估师在评估流程中的表现是否符合培训机构和颁证机构的要求，并给予反馈，从而帮助评估师提高专业水平和评估能力。若评估师的表现远达不到内审员的期望，则内审员要布置作业给评估师，并且让评估师再次参与培训，直到内审员满意为止。

5. 项目总结和计划改善

内审员要向组织汇报项目情况，并更新项目的进度或总结项目的成果。内审员还要向组织和团队提出总体的改善方案，也要根据外审员提供的建议，布置作业给团队并提交项目报告给外审员和组织。

二、项目管理方法

管理评估师团队的要点如表 6-1 所示。

表 6-1 管理评估师团队的要点

要点	具体内容
评估方法和学徒需求	确保评估师团队使用的评估方法安全、合理和真实，并确保评估师的评估方法满足学徒的学习需求
评估师工作量和调度	制订项目管理计划时，要考虑评估师的资历、专业和工作量来分配工作，评估师的工作量具体指学徒和单元的数量
评估师行程	制订项目管理计划时，要考虑评估师所在地以及使用电脑、连接网络的方便性
评估流程	确保评估师熟悉标准条文，标准化统一评估团队的评估决策
解释条文	当学徒或评估师对标准条文的理解不到位时，内审员要纠正并解释条文
资料管理	要保存好评估师团队在项目中产出的资料，以便进行第三方评估

1. 现场观察

到现场观察评估师和学徒的互动是最好的管控培训质量的方法。在现场，内审员不但能够为评估师做出内部质量管理的评估决策和反馈，还能与学徒谈话，深入了解项目。评估师要确保学徒了解内审员亲临现场要考核的是评估师，而不是学徒，解除学徒的压力才不会影响评估师的表现。内审员要清楚自己的作用是向评估师提供项目上的指导和帮助，而不是批评和诋毁评估师。同时，内审员要评估工作环境和设备是否安全，为参与项目的人员负责。

2. 团队会议

内审员要定期组织团队会议，并且确保团队成员出席，也要确保无法出席的人员能在会议结束后收到会议记录。典型的团队会议环节包括以下几点。

（1）团队人员的变动和调整。

（2）讨论评估流程的规划和执行。

（3）内部质量管理事项。

（4）外部质量管理事项。

（5）其他管理事宜。

内审员与评估师组织团队会议如图 6-3 所示。

图 6-3　内审员与评估师组织团队会议

3. 标准化会议

标准化会议可以是另外召开的会议，也可以是团队会议中的一部分。通过标准化会议，内审员要确保团队正确解读评估标准和项目质量，也要确保团队的评估决策公平和一致。

典型的标准化会议内容包括以下几点。

（1）评估活动：要符合 VARCS 原则。

（2）评估资源：教材设计和制作。

（3）标准理解：对评估标准的理解要同步。

（4）证据吻合：学徒证据要符合标准条文的要求。

（5）评估计划：制订评估计划的方式要统一。

（6）评估记录：评估记录方式要统一。

（7）反馈方法：反馈的方法要符合标准。

（8）学习记录：学习记录方式要统一。

（9）证人证词：评估方法要符合标准。

（10）更新内审文件：如任务清单、记录表、其他文件和表格模板等。

内审员与评估师召开标准化会议，如图 6-4 所示。

图 6-4　内审员与评估师召开标准化会议

三、证据抽查

内审员要先做抽样计划（Sampling Plan）才能抽查证据（指学习证据），抽样计划包括抽样方法、对象、样本和时间。除实习评估师外，内审员不得全面检查团队中评估师和学徒的证据及文件记录。内审员就像是烘焙房的主厨，在其他烘焙师做好面包后，只需先试吃几个尝尝味道，而不是将全部的面包都试吃一遍，因为这样不但非常耗时间，还代表着对烘焙师的不信任；但如果是实习烘焙师做的面包，那么主厨必须要全都试吃一遍，确保面包的质量。内审员在确定抽样方法时要考虑以下几点。

（1）评估师的能力和工作量。

（2）学徒的能力和学习偏好。

（3）评估方法的全面性和多元性。

（4）评估决策的原则和反馈质量。

内审员要对学徒的证据进行抽查，如图 6-5 所示。

图 6-5　内审员要对学徒的证据进行抽查

具体抽样方法及特点如表 6-2 所示。

表 6-2　具体抽样方法及特点

抽样方法	抽样特点
地毯抽样法	内审员检查项目中全部的证据
横向抽样法	内审员检查部分学徒的全部证据
纵向抽样法	内审员检查所有学徒的部分证据
对角抽样法	内审员检查部分学徒的部分证据
比例抽样法 A	内审员检查部分评估师的部分学徒的全部证据
比例抽样法 B	内审员检查个别学徒的全部证据

续表

抽样方法	抽样特点
比例抽样法 A+B	内审员检查个别学徒的部分证据
随机抽样法	内审员随机检查证据
主题抽样法	内审员检查所有相同的评估方法产出的证据

内审员在抽查证据的时候，不是帮评估师重新做评估决策（实习评估师除外），而是看评估师的评估决策是否符合评估标准，也要检查评估师的评估计划和反馈。抽查后，内审员可能会发现不符合评估标准的学习证据，这时内审员要检查该评估师的其他学徒在同一个评估标准下的学习证据，若其他学徒的学习证据也不符合评估标准，那就是该评估师的能力问题；若只有一个学徒的学习证据出现这样的情况，很大可能是评估师疏忽了。而且，如果内审员发现其他评估师也有一样的问题，那就要在标准化会议中提及并解决团队共同的问题。如果学习证据中包括证人证词，那么内审员必须要证实证人的可信度和专业度。如果项目中大部分的评估方法是证人证词法，那代表评估师的专业度不够，需要进修、再培训。内审员可以比对评估师提供的文件并总结差距原因，让大家互相学习。内审员要把抽查结果记录下来，提供反馈并布置作业给评估师，这也是为外审员执行第三方评估做准备。

四、提出反馈

内审员要及时给评估师提供反馈。正式的反馈可根据现场观察结果、学习证据抽查结果、年度测评在团队会议上提出，并用书面形式呈现。非正式的反馈适用的场景是没有具体限制的，内审员只需要及时为评估师和学徒提供反馈与帮助。内审员反馈时要做到以下几点。

（1）根据事实反馈。

（2）根据抽查结果反馈。

（3）针对评估师的评估能力反馈；不针对学徒的学习能力反馈。

（4）清晰、诚恳。

（5）具有启发性，如用举例的方式。

（6）记录存档，将其作为第三方评估素材。

（7）对事不对人。

五、进度记录

学徒进度记录的保存方法要符合项目相关方的要求，并至少保存 3 年以上。内审员要保存的进度记录和文件如表 6-3 所示。

表 6-3　内审员要保存的进度记录和文件

必要	次要
（1）观察评估师用表； （2）内审员抽查报告； （3）学徒访谈用表； （4）会议记录； （5）观察计划表、抽样计划表和学徒进度表； （6）标准化会议报告	（1）评估师和内审员的履历； （2）外审评估报告； （3）学徒证书信息

本章小结

1. 内审员要负责培训机构的项目管理：企业调研和框架制定、项目管理计划制订、内部质量管理执行、内审员评估决策和反馈、项目总结和计划改善。

2. 内审员除了要对评估师的工作进行抽查检验以外，也要到企业现场去观察评估师平时的评估工作。

3. 内审员要定期举行团队会议和标准化会议来确保项目符合颁证机构的要求。

第七章　内审员工作能力

本单元重点

内审员要具备的素养、内审员的日常工作及内审工作要点。

一、内审员素养

1. 责任心

内审员要对团队、组织和颁证机构负责。若由内审员指导的评估师有评估质量上的缺陷或他们的学徒在学习质量方面存在问题，则该内审员的项目管理能力、可靠度和专业度都会备受质疑。

2. 具备分析成就指标的素养

与评估师相同，内审员要知道如何分析成就指标并与其他的项目或培训机构比较。内审员要对评估师的绩效进行分析。若有评估师的学徒完成率明显偏低，内审员要能够说明是评估师的问题还是组织的问题。

3. 具备人事规划和管理的素养

内审员要帮助组织在合适的时候招募新的评估师，以防组织中有评估师突然离职。并且，要在项目数量增加的情况下，为组织培训新的内审员和评估师。

内审员与团队的日常沟通如下图所示。

内审员与团队的日常沟通

4. 保密意识

内审员要确保学徒的个人信息和企业的商业机密不被泄露，这样不仅可以维护组织的名声，而且可以避开法律上的风险。

5. 具备考量风险的素养

在制订内部质量管理计划时，内审员要考虑以下几个方面。

（1）评估师在专业领域上具备的信心和能力。

（2）评估师资历：实习期、新手期、资深期。

（3）学徒的学历和能力。

（4）评估师的决策和反馈。

（5）评估师的工作量。

（6）评估师和学徒所在地。

（7）学习证据和项目文件的安全性及保密性。

（8）证人证词的可靠性。

（9）学徒证据的原创性。

二、日常工作

（1）给评估师提供建议、帮助和指导性的反馈。

（2）记录内部质量管理的计划、流程和决策。

（3）确保评估师对标准条文的解读和采用的评估方法正确。

（4）与学徒、评估师和项目相关方沟通协商，消除项目障碍。

（5）组织标准化会议，确保评估师团队评估决策的一致性。

（6）从项目的启动到总结，全程把控学徒的学习进度。

（7）进行学习证据的抽查。

（8）为团队提供 CPD 的机会。

内审员的资质在英国的资格与学分框架中的等级是四级，评估师的资质对应的等级则是三级，这表明内审员的价值与能力有别于评估师。一般来说，内审员要管理组织中的人员、系统程序和制度，有的内审员还会继续做评估师的工作，担任双重角色。但担任双重角色的人员不得对自己的评估流程进行内部质量管理，以避免造成不公平。

三、内审工作要点

（1）确保评估师的能力符合组织的要求。

（2）学徒、评估师、其他内审员、企业导师和证人等要定期沟通协调。

（3）及时更新行业知识和动态，确保培训质量。

（4）确保所有资料完整齐全。

（5）确保对评估标准的解读正确，并确保评估决策的一致性。

（6）用书面形式报告内部质量管理的流程和细节。

本章小结

1. 内审员的个人素养高低决定了项目的成功与否。

2. 内审员的价值与能力高于评估师，可以管理评估师团队。

第八章　平等与多样性

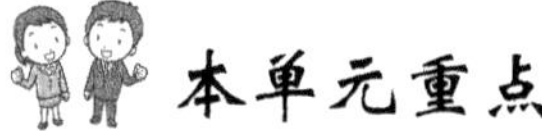

1. 培训机构要重视培训文化。

2. 培训机构要杜绝任何歧视性的行为。

英国对平等与多样性的定义如下。

（1）平等：一种公平对待所有人的方式，对不同文化、能力、性别、民族、信仰、经济条件、性取向或具有其他族群特征的人都应该平等对待。

（2）多样性：了解每个人都是独特的存在，并意识到个体的差异。

评估师要确保学徒在评估流程中受到平等的对待以及有平等的学习机会，并确保培训项目匹配学徒的能力。若只是为了凑人数而让学徒接受培训，对学徒是不公平的。评估师在制订评估计划时要考虑学徒的学习需求，不要让自己的主观意见影响了评估流程的公正性。评估师可以根据学徒的能力制订评估计划，给能力稍差的学徒布置比较简易的作业；给能力稍强的学徒布置相对较难的作业。评估师在根据学徒的能力调整作业的难度时，记得要符合岗位标准。

歧视有以下 7 种。

(1) 关系歧视：歧视某人与有特定族群特征的人交友。

(2) 直接歧视：歧视某人的族群特征。

(3) 间接歧视：组织政策对特定族群不利。

(4) 观念歧视：歧视某人可能会符合的特定族群特征。

(5) 骚扰歧视：对特定族群做出冒犯和侵犯性的行为。

(6) 第三方骚扰歧视：组织外人员的骚扰歧视。

(7) 加害歧视：歧视某人对特定族群的支持。

“Too often, we judge other groups by their worst examples while judging ourselves by our best intentions.”

“我们过于经常将其他族群中最坏的例子当作该族群的代表，又依照自己所属族群中最好的例子来代表自己。”

George Walker Bush

美国第 43 任总统 乔治·沃克·布什

本章小结

内审员和评估师要确保学徒在评估流程中得到平等的对待和学习机会，确保培训项目匹配学徒的能力。

第九章　学徒的权益

本单元重点

1. 了解《中华人民共和国未成年人保护法》相关条款。
2. 英国学徒在工作中的权益。
3. 工作场所的健康与安全。
4. 申诉与控诉在现代学徒制中的重要性。

一、《中华人民共和国未成年人保护法》

国家为了保护未成年人的身心健康，保障未成年人的合法权益，促进未成年人在品德、智力、体质等方面全面发展，培养有理想、有道德、有文化、有纪律的社会主义建设者和接班人，根据宪法，制定了《中华人民共和国未成年人保护法》。本书现摘录几条与评估师工作相关的条款。

第四条 国家、社会、学校和家庭对未成年人进行理想教育、道德教育、文化教育、纪律和法制教育，进行爱国主义、集体主义和社会主义的教育，提倡爱祖国、爱人民、爱劳动、爱科学、爱社会主义的公德，反对资本主义的、封建主义的和其他的腐朽思想的侵蚀。

第五条 保护未成年人的工作，应当遵循下列原则：

（一）尊重未成年人的人格尊严；

（二）适应未成年人身心发展的规律和特点；

（三）教育与保护相结合。

第六条 保护未成年人，是国家机关、武装力量、政党、社会团体、企业事业组织、城乡基层群众性自治组织、未成年人的监护人和其他成年公民的共同责任。对侵犯未成年人合法权益的行为，任何组织和个人都有权予以劝阻、制止或者向有关部门提出检举或者控告。国家、社会、学校和家庭应当教育和帮助未成年人维护自己的合法权益，增强自我保护的意识和能力，增强社会责任感。

第二十七条 全社会应当树立尊重、保护、教育未成年人的良好风尚，关心、爱护未成年人。

国家鼓励社会团体、企业事业组织以及其他组织和个人，开展多种形式的有利于未成年人健康成长的社会活动。

第三十七条 禁止向未成年人出售烟酒，经营者应当在显著位置设置不向未成年人出售烟酒的标志；对难以判明是否已成年的，应当要求其出示身份证件。

任何人不得在中小学校、幼儿园、托儿所的教室、寝室、活动室和其他未成年人集中活动的场所吸烟、饮酒。

第三十八条　任何组织或者个人不得招用未满十六周岁的未成年人，国家另有规定的除外。

任何组织或者个人按照国家有关规定招用已满十六周岁未满十八周岁的未成年人的，应当执行国家在工种、劳动时间、劳动强度和保护措施等方面的规定，不得安排其从事过重、有毒、有害等危害未成年人身心健康的劳动或者危险作业。

第三十九条　任何组织或者个人不得披露未成年人的个人隐私。

对未成年人的信件、日记、电子邮件，任何组织或者个人不得隐匿、毁弃；除因追查犯罪的需要，由公安机关或者人民检察院依法进行检查，或者对无行为能力的未成年人的信件、日记、电子邮件由其父母或者其他监护人代为开拆、查阅外，任何组织或者个人不得开拆、查阅。

第四十条　学校、幼儿园、托儿所和公共场所发生突发事件时，应当优先救护未成年人。

第四十九条　未成年人的合法权益受到侵害的，被侵害人及其监护人或者其他组织和个人有权向有关部门投诉，有关部门应当依法及时处理。

第六十一条　国家机关及其工作人员不依法履行保护未成年人合法权益的责任，或者侵害未成年人合法权益，或者对提出申诉、控告、检举的人进行打击报复的，由其所在单位或者上级机关责令改正，对直接负责的主管人员和其他直接责任人员依法给予行政处分。

第六十二条 父母或者其他监护人不依法履行监护职责，或者侵害未成年人合法权益的，由其所在单位或者居民委员会、村民委员会予以劝诫、制止；构成违反治安管理行为的，由公安机关依法给予行政处罚。

第六十三条 学校、幼儿园、托儿所侵害未成年人合法权益的，由教育行政部门或者其他有关部门责令改正；情节严重的，对直接负责的主管人员和其他直接责任人员依法给予处分。

学校、幼儿园、托儿所教职员工对未成年人实施体罚、变相体罚或者其他侮辱人格行为的，由其所在单位或者上级机关责令改正；情节严重的，依法给予处分。

第六十八条 非法招用未满十六周岁的未成年人，或者招用已满十六周岁的未成年人从事过重、有毒、有害等危害未成年人身心健康的劳动或者危险作业的，由劳动保障部门责令改正，处以罚款；情节严重的，由工商行政管理部门吊销营业执照。

第七十二条 本法自 2007 年 6 月 1 日起施行。

二、英国学徒的权益

学徒制在英国有悠久的历史，也正因如此，英国十分重视学徒的权益。英国要求卫生、教育单位等要尽到保护弱势人群的责任。大部分的学徒都是未成年人，属于弱势人群。除了未成年人以外，部分成年人也受此法令的保护，包括老年人、身心障碍人士或有严重疾病的人士，只要是无法照顾自己、需要他人帮助或保护的人群，都属于弱势人群。在照顾属于弱势人群的学徒时，要考虑以下 6 个层面。

（1）尊重：学徒在工作中是否得到他人尊重。

（2）尊严：学徒在工作中是否有尊严感。

（3）独立：学徒工作之余是否能够拥有生活上的自由。

（4）个性：学徒在工作中是否能够不受他人影响做自己。

（5）选择：学徒在工作中是否能不受他人影响做出正确的选择。

（6）保密：学徒的信息是否安全。

三、健康与安全

评估师需要关心学徒的健康与安全。危险或意外发生的时候，评估师要及时处理或上报给有关人员。在项目开始前，评估师可以先勘察工作场所，确保工作场所的安全，并评估学徒工作时的风险。

四、申诉与控诉

申诉（Appeal）指的是对评估决策的看法不一致而采取的相应行动；控诉（Complaint）指的是对某人或某件事看法不一致而采取的相应行动。当学徒进行申诉或控诉时，要确保学徒的权益以及保密学徒的信息，这样才不会使上诉的流程受到影响，学徒才不会在上诉（包括申诉与控诉）的过程中感到不安。若有学徒提出上诉，要确保他的工作、学习和职业发展不会受到影响。让学徒了解上诉的具体流程不仅是学徒的权益，也是培训机构的义务。

本章小结

1.《中华人民共和国未成年人保护法》在培训学徒的过程中是有效的。

2. 英国要求卫生、教育单位等要尽到保护弱势人群的责任。

3. 评估师要尽到关心学徒健康与安全的责任。

4. 当学徒进行申诉或控诉时，要确保学徒的权益以及保密学徒的信息。

第十章　学校案例汇集

一、广州市商贸职业学校

项目名称：广州市商贸职业学校中英现代学徒制项目。

项目专业：物流服务与管理专业。

培训岗位：仓储岗位。

项目时长：2015 年 8 月—2016 年 9 月。

广州市商贸职业学校中英现代学徒制项目单元标准目录如表 10-1 所示。

表 10-1　广州市商贸职业学校中英现代学徒制项目单元标准目录

级别	单元序号	单元名称
Level 2	第 11 单元	对业务做出贡献
	第 12 单元	提升客户满意度
	第 15 单元	在物流作业中重视健康与安全
	第 16 单元	保持设备清洁
	第 18 单元	保持工作区域清洁
	第 20 单元	拣货
	第 21 单元	包装
	第 23 单元	物流作业过程中设备操作的要求
	第 24 单元	在物流作业中用设备搬运货物
	第 25 单元	收货
	第 26 单元	货物存储
	第 28 单元	在装卸搬运、储存货物时保持良好个人卫生
	第 29 单元	处理客户订单
	第 31 单元	处理退货
	第 32 单元	将货物分类以便于回收和处理

项目企业方：广州天图物流有限公司（简称天图物流）。

项目学校方：广州市商贸职业学校。

项目评估师人数：7 人。

项目学徒人数：19 人。

项目实际成果如下。

对学校：

（1）荣获 2017 年度物流职业教育教学成果奖一等奖。

（2）成为国内第一个辅导成功的现代学徒制项目。

(3) 成为教育部、中国物流与采购联合会现代学徒制试点推广成功的第一个本土案例。

(4) 成为广东省第一所成功导入现代学徒制的中等职业学校(简称中职学校)。

(5) 成功培养出 7 位评估师和 19 位学徒。

(6) 部分优秀学徒已成为岗位骨干，并且可以培训新员工（兼职员工)。

(7) 教师深入了解岗位标准及用人需求，积累企业实践经验，丰富校内教学案例。

对企业:

(1) 企业收获了人才，通过实施该项目降低了企业用人成本。

(2) 企业内部流程得到改善。

(3) 企业导师通过教学提升了指导水平，积累了日后培养新人的经验。

项目建议如下。

(1) 需对学徒进行挑选，不能将整个班级的学生全部作为学徒。

(2) 学徒在第三学年去企业进行现代学徒制项目的学习。

(3) 建议校企加强沟通，挑选合适的企业导师。

相关项目图片如图 10-1、图 10-2 所示。

图 10-1　广州市商贸职业学校中英现代学徒制项目启动会议

图 10-2　广州市商贸职业学校中英现代学徒制项目总结会议

二、山东省潍坊商业学校

项目名称：山东省潍坊商业学校中英现代学徒制导入辅导项目。

项目专业：物流服务与管理专业。

培训岗位：收派件岗位。

项目时长：2016年1月—2017年9月。

山东省潍坊商业学校中英现代学徒制导入辅导项目单元标准目录如表10-2所示。

表10-2　山东省潍坊商业学校中英现代学徒制导入辅导项目单元标准目录

级别	单元序号	单元名称
Level 3	第11单元	对业务做出贡献
	第12单元	提升客户满意度
	第15单元	在物流作业中重视健康与安全
	第18单元	保持工作区域清洁
	第21单元	包装
	第22单元	在物流作业中与同事形成有效的工作关系
	第29单元	处理客户订单
	第33单元	发货、收货和出入库的监控

项目企业方：顺丰速运（集团）有限公司。

项目学校方：山东省潍坊商业学校。

项目评估师人数：4 人。

项目学徒人数：6 人。

项目实际成果如下。

对学校：

（1）荣获 2017 年度物流职业教育教学成果奖二等奖。

（2）成为山东省第一所成功导入现代学徒制的中职学校。

（3）成为山东省第一个中国物流与采购联合会模式的现代学徒制项目。

（4）形成了“全程贯通、多维评价”实践教学评价标准。

（5）教师对快递企业的运作流程、作业细节、行为规范、用人需求、职业素养等有了新的认识。

（6）学徒在收派件岗位整体干劲很足，对企业很认可，感情投入，计件数量比在职员工还高。

对企业：

（1）企业从简单参与转变为主动提出改善思路，这为项目的深度合作奠定了基础。

（2）企业主动与学校深度开展校企合作，定向培养学徒，并开展了第二批现代学徒制项目，提前储备企业所需人才。

（3）企业了解该人才培养模式并对其进行创新优化，将其应用于企业人力资源培训。

项目建议如下。

（1）第一批评估师可以辅导商贸类专业及本校其他专业教师导

入现代学徒制。

（2）可以在第一期项目的基础上对第二期岗位标准进行优化，即形成 V2.0 版岗位标准。

相关项目图片如图 10-3、图 10-4 所示。

图 10-3　山东省潍坊商业学校中英现代学徒制导入辅导项目启动仪式

图 10-4　山东省潍坊商业学校中英现代学徒制导入辅导项目中期评估工作

三、武汉市财政学校

项目名称：物流一线储备主管现代学徒制导入辅导项目。

项目专业：物流服务与管理专业。

培训岗位：仓储岗位。

项目时长：2016 年 7 月—2017 年 9 月。

物流一线储备主管现代学徒制导入辅导项目单元标准目录如表 10-3 所示。

表 10-3　物流一线储备主管现代学徒制导入辅导项目单元标准目录

级别	单元序号	单元名称
Level 3	第 11 单元	对业务做出贡献
	第 12 单元	提升客户满意度
	第 15 单元	在物流作业中重视健康与安全
	第 18 单元	保持工作区域清洁
	第 21 单元	包装
	第 22 单元	在物流作业中与同事形成有效的工作关系
	第 29 单元	处理客户订单
	第 33 单元	发货、收货和出入库的监控

项目企业方：九州通医药集团股份有限公司。

项目学校方：武汉市财政学校。

项目评估师人数：5 人。

项目学徒人数：10 人。

项目实际成果如下。

对学校：

（1）成为湖北省第一所成功导入现代学徒制的中职学校。

（2）成为湖北省第一个中国物流与采购联合会模式的现代学徒制项目。

（3）教师对医药物流企业的作业细节、行为规范、用人需求等有了新的认识。

（4）从讲话磕磕巴巴到侃侃而谈，学徒的语言表达能力有了很大的提高。

对企业：

（1）企业是该项目的最大受益方。

（2）企业内部的九州通大学借鉴该人才培养模式，成功将其应用到企业人才培训中。

项目建议如下。

（1）由于校企把本项目当作课程，而非就业前培训，因此学徒无工资。建议转变思路，适当给予优秀学徒物质奖励和精神奖励。

（2）落实企业导师和评估师的激励机制。

相关项目图片如图 10-5 和图 10-6 所示。

图 10-5　武汉市财政学校　九州通医药集团股份有限公司现代学徒制项目启动仪式

图 10-6　校企合作专业委员会 2017 年全体委员会议暨现代学徒制经验交流会

四、天津市第一商业学校

项目名称：天津市第一商业学校现代学徒制项目。

项目专业：物流服务与管理专业。

培训岗位：仓储岗位。

项目时长：2017 年 9 月—2018 年 1 月。

天津市第一商业学校现代学徒制项目单元标准目录如表 10-4 所示。

表 10-4　　天津市第一商业学校现代学徒制项目单元标准目录

级别	单元序号	单元名称
Level 3	第 1 单元	对业务做出有效贡献
	第 2 单元	提升客户满意度
	第 3 单元	在物流作业中重视健康与安全
	第 4 单元	保持安全库存
	第 5 单元	在物流作业中与同事形成有效的工作关系
	第 6 单元	监控发货、收货和出入库

项目企业方：北京顶通物流有限公司天津分公司。

项目学校方：天津市第一商业学校。

项目评估师人数：7 人。

项目学徒人数：41 人。

项目实际成果如下。

对学校：

（1）成为教育部、中国物流与采购联合会现代学徒制试点推广成功的第一个天津市本土案例。

（2）培养了一批专业教学能力和岗位实践能力均过硬的双师型教师。

（3）评估方法引领“成果导向型”课改：通过该项目，学校已经形成4门物流专业课程的活页学案，并在教学中应用。

（4）基于现代学徒制校企合作人才培养模式、课程和教材等，服务于“一带一路”建设。

对企业：

（1）企业了解该人才培养模式并对其进行创新优化，将其应用于企业内部人力资源培训。

（2）企业内部流程得到一定程度的优化和改善。

项目建议如下。

（1）本期学徒在企业实习时间较短，建议后续将项目延长至4~6个月，使学徒有充足的时间在企业轮岗和顶岗实习。

（2）参加该项目的学徒需经过校企双方共同挑选，而非一个班级学生全部参加该项目。

相关项目图片如图10-7和图10-8所示。

图 10-7　天津市第一商业学校现代学徒制项目启动会议

图 10-8　天津市第一商业学校现代学徒制项目总结会议

五、上海市现代流通学校

项目名称：上海市现代流通学校现代学徒制第三方评估辅导项目。

项目专业：物流服务与管理专业。

培训岗位：仓储岗位。

项目时长：2017 年 11 月—2018 年 6 月。

上海市现代流通学校现代学徒制第三方评估辅导项目单元标准目录如表 10-5 所示。

表 10-5　　上海市现代流通学校现代学徒制第三方评估辅导项目单元标准目录

级别	单元序号	单元名称
Level 3	第 1 单元	对物流业务做出有效贡献
	第 2 单元	健康与安全工作
	第 3 单元	物流资源优化利用
	第 4 单元	发货、收货和出入库的监控
	第 5 单元	减少物流运营对环境的影响
	第 6 单元	应对物流运营中的问题
	第 7 单元	物流操作信息技术
	第 8 单元	日常车辆调度

项目企业方：上海顶通物流有限公司。

项目学校方：上海市现代流通学校。

项目评估师人数：4 人。

项目学徒人数：12 人。

项目实际成果如下。

对学校：

（1）荣获 2017 年度物流职业教育教学成果奖一等奖。

（2）成为国内职业院校导入现代学徒制的楷模。

（3）形成了一套针对现代学徒制的评估标准、岗位标准和工作手册。

（4）建立了一套完善的现代学徒制管理制度。

（5）教师掌握了技能人才评估方法，并灵活将该方法应用于校内教学。

（6）学徒在仓储、调度、客服等岗位实习，对企业很认可，感情投入，部分优秀学徒已成为仓库主管。

对企业：

（1）企业与学校继续深度开展校企合作，定向培养学徒，并开展了第四批现代学徒制项目，提前储备企业所需人才。

（2）企业内部也采用现代学徒制人才培养模式对内部员工进行培养。

（3）企业收获了人才。

项目建议如下。

（1）评估师应深入企业调研，提高评估质量和评估效率。

（2）校企进一步完善学徒选拔与激励方案，提高人才培养的数量与质量。

相关项目图片如图 10-9 和图 10-10 所示。

图 10-9　上海市现代流通学校现代学徒制第三方评估辅导项目启动会议

图 10-10　上海市现代流通学校现代学徒制第三方评估辅导项目外审现场考核工作

六、柳州职业技术学院

项目名称：柳州职业技术学院高职连锁经营管理专业现代学徒制项目。

项目专业：连锁经营管理专业。

培训岗位：储备店长。

项目时长：2017 年 11 月—2018 年 6 月。

柳州职业技术学院高职连锁经营管理专业现代学徒制项目单元标准目录如表 10-6 所示。

表 10-6　柳州职业技术学院高职连锁经营管理专业现代学徒制项目单元标准目录

级别	单元序号	单元名称
Level 4	第 1 单元	了解领导力与管理
	第 2 单元	遵守餐饮行业中的法律、法规和道德要求
	第 3 单元	管理团队和个人绩效
	第 4 单元	加入餐饮团队并实现战略目标
	第 5 单元	管理自己工作领域或工作活动的预算
	第 6 单元	以客户服务为中心，提高竞争力
	第 7 单元	管理菜肴的外观呈现和分量
	第 8 单元	管理餐桌的可用性，使收入最大化
	第 9 单元	有效地进行餐饮服务营销
	第 10 单元	管理餐饮团队的人员值班表
	第 11 单元	管理团队会议
	第 12 单元	抓住餐饮服务的市场机遇

项目企业方：广西南宁市乐意客餐饮投资有限公司。

项目学校方：柳州职业技术学院。

项目评估师人数：6 人。

项目学徒人数：12 人。

项目实际成果如下。

对学校：

（1）成为国内首个导入连锁经营管理专业现代学徒制的高等职

业院校（简称高职院校）。

（2）构建了“五位一体”现代学徒制本土化建设体系。

（3）形成本土化人才培养模式：多标准融合，三导师培养。

（4）形成1套多标准融合的储备店长岗位标准。

（5）形成1套校企共同制订的人才培养方案。

（6）形成稳定的双导师团队：6名评估师团队+5位企业导师团队。

（7）培养出12位连锁经营管理专业英国现代学徒制学徒。

对企业：

（1）喜获一批职业店长，75%学徒毕业后仍留在公司工作。

（2）企业导师从良工巧匠转变成职业培训师。

（3）企业与学校继续深度开展校企合作，定向培养学徒。

（4）通过实施该项目，完善了企业内部人才培养体系，改进了传统的入职培训和“师带徒”的教学模式。

项目建议如下。

（1）标准深化：将V1.0版岗位标准进一步本土化和丰富化，最终开发出连锁餐饮行业岗位标准教学资源培训包及相应教材。

（2）多行业、多专业拓展：从“连锁餐饮学徒”的培养拓展至“连锁零售学徒”的培养，从连锁经营管理专业拓展至现代商贸专业群，实现以“点”带“面”。

相关项目图片如图10-11、图10-12所示。

图 10-11　柳州职业技术学院高职连锁经营管理专业现代学徒制项目启动会议

图 10-12　柳州职业技术学院高职连锁经营管理专业现代学徒制项目总结会议

七、厦门市海沧区职业中专学校

项目名称：厦门市海沧区职业中专学校物流服务与管理专业现代学徒制项目。

项目专业：物流服务与管理专业。

培训岗位：基层储备干部。

项目时长：2018 年 9—12 月。

厦门市海沧区职业中专学校物流服务与管理专业现代学徒制项目单元标准目录如表 10-7 所示。

表 10-7　厦门市海沧区职业中专学校物流服务与管理专业现代学徒制项目单元标准目录

级别	单元序号	单元名称
Level 2	第 1 单元	对企业做出有效贡献
	第 2 单元	提升客户满意度
	第 3 单元	物流作业中重视健康与安全
	第 4 单元	在物流作业中与同事建立有效的工作关系
	第 5 单元	调度作业
	第 6 单元	保持安全库存
	第 7 单元	发货、收货和出入库的监控
	第 8 单元	保持工作区域清洁

项目企业方：厦门彩运物流有限公司。

项目学校方：厦门市海沧区职业中专学校。

项目评估师人数：2 人。

项目学徒人数：4 人。

项目实际成果如下。

（1）学徒综合能力大幅提升：提升了学徒的汇报、文字表述、PPT 制作与美化等能力。

（2）学徒能力得到企业认可：企业主管普遍认同学徒的综合能力。

（3）完善学校质量管理体系：学校在校企合作育人方面的质量管理体系更加完善，得到企业认可。

（4）学校获得大量教学资源：学徒学习过程中的材料，如音频、视频、文档等可作为学校实践教学资源。

项目建议如下。

（1）高度重视配合：尤其要重视学校与企业间的配合，学校与企业需要时常沟通，共同面对存在的问题。

（2）趋向个性辅导：辅导方法应根据学徒的个人情况而定。

（3）注重梳理成果：学校将成果梳理成册，以便验收。

相关项目图片如图 10-13、图 10-14 所示。

图 10-13　厦门市海沧区职业中专学校物流服务与管理专业现代学徒制项目启动会议

图 10-14　厦门市海沧区职业中专学校物流服务与管理专业现代学徒制项目总结会议

该学校第二期现代学徒制项目正在进行中，合作企业为厦门物必达物流配送有限公司，第二期培养人数为第一期培养人数的数倍。

八、北京市商业学校

项目名称：北京市商业学校汽车营销专业现代学徒制导入辅导项目。

项目专业：汽车营销专业。

培训岗位：汽车销售岗位。

项目时长：2018 年 9—12 月 。

北京市商业学校汽车营销专业现代学徒制导入辅导项目单元标准目录如表 10-8 所示。

表 10-8　北京市商业学校汽车营销专业现代学徒制导入辅导项目单元标准目录

级别	单元序号	单元名称
Level 2	第 1 单元	重视工作中的健康、安全
	第 2 单元	与同事建立良好的工作关系
	第 3 单元	在销售或营销中遵守法律、法规和道德要求
	第 4 单元	展厅接待
	第 5 单元	针对产品知识的沟通交流
	第 6 单元	展厅销售
	第 7 单元	对部门做出贡献

项目企业方：北京祥龙博瑞汽车服务（集团）有限公司。

项目学校方：北京市商业学校。

项目评估师人数：3 人。

项目学徒人数：18 人。

项目实际成果如下。

对学校：

（1）成为北京市中职学校导入汽车营销专业现代学徒制的先锋。

（2）形成本土化人才培养模式：多标准融合，三导师培养。

（3）形成 1 套多标准融合的汽车销售岗位标准。

（4）形成稳定的双导师团队：3 名评估师团队+6 位企业导师团队。

（5）培养出 18 位汽车营销专业现代学徒制学徒。

（6）教师获得丰富的教学资源。

对企业：

（1）喜获一批汽车销售岗位储备人才。

（2）企业导师从良工巧匠转变成职业培训师。

（3）企业与学校继续深度开展校企合作，定向培养学徒，已经开展了两期现代学徒制人才培养项目。

（4）通过实施该项目，完善了企业内部人才培养体系，改进了传统的入职培训和“师带徒”的教学模式。

项目建议如下。

（1）教师可事先前往企业挂职锻炼，进一步提高评估质量与效率。

（2）标准深化：将 V1.0 版岗位标准进一步本土化、丰富化，最终开发出汽车营销专业岗位标准教学资源培训包。

（3）组织参与本项目的专业教师参与成果总结，编写实训专业教材。

相关项目图片如图 10-15、图 10-16 所示。

图 10-15 北京市商业学校汽车营销专业现代学徒制导入辅导项目启动会议

图 10-16 北京市商业学校汽车营销专业现代学徒制导入辅导项目管理会议

九、江西现代职业技术学院

项目名称：江西现代职业技术学院商务分院现代学徒制项目。

项目专业：物流服务与管理专业、市场营销专业。

培训岗位：仓储岗位、储备门店店长。

项目时长：2019 年 9 月—2020 年 6 月。

京东物流集团仓储岗位单元标准目录如表 10-9 所示。

表 10-9　　京东物流集团岗位单元标准目录

级别	单元序号	单元名称
Level 3	第 1 单元	对企业做出有效贡献
	第 2 单元	提升客户满意度
	第 3 单元	物流作业中重视健康与安全
	第 4 单元	在物流作业中与同事建立有效的工作关系
	第 5 单元	拣货
	第 6 单元	包装
	第 7 单元	检查库存水平和库存记录
	第 8 单元	客户订单处理

时捷物流有限公司仓储岗位单元标准目录如表 10-10 所示。

表 10-10　　时捷物流有限公司岗位单元标准目录

级别	单元序号	单元名称
Level 3	第 1 单元	对企业做出有效贡献
	第 2 单元	提升客户满意度
	第 3 单元	物流作业中重视健康与安全
	第 4 单元	在物流作业中与同事建立有效的工作关系
	第 5 单元	发货、收货和出入库的监控
	第 6 单元	检查库存水平和库存记录
	第 7 单元	日常车辆调度
	第 8 单元	客户订单处理

江西美宜佳便利店有限公司储备门店店长岗位学习框架如表 10-11 所示。

表 10-11　江西美宜佳便利店有限公司职业店长岗位学习框架

学习单元	单元名称	单元目标
第 1 单元	门店形象管理	理解并掌握门店形象提升的方法
第 2 单元	客户服务	了解客户服务标准，掌握客诉处理的流程及技巧
第 3 单元	门店安全	掌握门店安全防范措施及处理流程的能力
第 4 单元	收退货管理	掌握门店收货及退货的操作流程
第 5 单元	商品陈列	掌握商品陈列标准，并理解商品陈列对门店销售的促进作用
第 6 单元	收银管理	掌握收银管理及常见问题的处理方法
第 7 单元	便民管理	掌握便民服务类型及常见问题的处理方法
第 8 单元	鲜食管理	熟练掌握鲜食操作、销售、保存等技巧
第 9 单元	库存管理	熟知库存相关要素关系并操作各模块要素
第 10 单元	平台应用	熟练掌握信息系统平台的操作

项目企业方：江西美宜佳便利店有限公司、京东物流集团、时捷物流有限公司。

项目学校方：江西现代职业技术学院。

项目评估师人数：10 人。

项目学徒人数：20 人。

项目实际成果如下。

对学校：

（1）成为江西省高职院校导入市场营销专业和物流服务与管理专业现代学徒制的先锋。

（2）形成本土化、个性化的人才培养模式。

（3）形成1套基于基层管理岗位需求的物流服务与管理专业和市场营销专业课程体系和课程标准。

（4）打造了一支德技双馨、实践和服务能力较强的双导师教学团队。

（5）培养出10位物流服务与管理专业及10位市场营销专业英国现代学徒制学徒。

对企业：

（1）喜获一批储备人才：储备门店店长和仓管员。

（2）企业导师从良工巧匠转变成职业培训师。

（3）企业与学校继续深度开展校企合作，定向培养学徒，开展了第二批现代学徒制项目。

（4）通过实施该项目，完善了企业内部人才培养体系，改进了传统的入职培训和“师带徒”的教学模式。

项目建议如下。

（1）校企可以尝试建立“互聘、互培、互用”机制，共同打造双导师教学团队。

（2）将V1.0版岗位标准进一步本土化、丰富化。

（3）组织校内教师赴企业挂职锻炼，以便提高评估质量和评估效率。

相关项目图片如图10-17和图10-18所示。

图 10-17　江西现代职业技术学院商务分院现代学徒制项目启动会 1

图 10-18　江西现代职业技术学院商务分院现代学徒制项目启动会 2

十、武汉市供销商业学校

项目名称：武汉市供销商业学校物流服务与管理专业现代学徒制实践教学导入服务项目。

项目专业：物流服务与管理专业。

培训岗位：仓储岗位。

项目时长：2017 年 2—7 月。

武汉市供销商业学校物流服务与管理专业现代学徒制实践教学导入服务项目单元标准目录如表 10-12 所示。

表 10-12　武汉市供销商业学校物流服务与管理专业现代学徒制实践教学导入服务项目单元标准目录

级别	单元序号	单元名称
Level 3	第 11 单元	对业务做出贡献
	第 12 单元	提升客户满意度
	第 15 单元	在物流作业中重视健康与安全
	第 21 单元	包装
	第 22 单元	在物流作业中与同事形成有效的工作关系
	第 23 单元	在快递作业中设备操作的要求
	第 29 单元	客户订单处理
	第 33 单元	监控营业网点快件作业全流程

项目企业方：湖北顺丰速运有限公司。

项目学校方：武汉市供销商业学校。

项目评估师人数：3 人。

项目学徒人数：6 人。

项目实际成果如下。

对学校：

（1）成为湖北省职业院校导入现代学徒制的先锋。

（2）学校掌握技能人才评估方法。

（3）教师对快递企业的作业流程、行为规范、用人需求等有了新的认识。

（4）学徒熟练掌握企业标准作业程序。

对企业：

（1）企业获得一批高素质、高技能人才。

（2）企业内部成功借鉴该人才培养模式并将其应用于企业内部员工培训。

项目建议如下。

（1）校企进一步完善学徒选拔与激励方案，提高人才培养数量与质量。

（2）在学校内部拓展其他专业，开展现代学徒制培养。

相关项目图片如图 10-19 和图 10-20 所示。

图 10-19　武汉市供销商业学校第二批现代学徒制项目启动会

图 10-20　武汉市供销商业学校物流服务与管理专业现代学徒制实践教学导入服务项目外审现场考核工作

十一、徽商职业学院

项目名称：徽商职业学院物流服务与管理专业整体升级建设项目。

项目专业：物流服务与管理专业。

培训岗位：仓储岗位。

项目时长：2017 年 12 月—2018 年 12 月。

仓储岗位单元标准目录如表 10-13 所示。

表 10-13　　仓储岗位单元标准目录

级别	单元序号	单元名称
Level 3	第 1 单元	对企业做出贡献
	第 2 单元	提升客户满意度
	第 3 单元	物流作业中重视健康与安全
	第 4 单元	物流作业中与同事建立有效的工作关系
	第 5 单元	发货、收货和出入库的监控
	第 6 单元	检查库存水平和库存记录
	第 7 单元	应对物流作业问题
	第 8 单元	团队管理

单证岗位单元标准目录如表 10-14 所示。

表 10-14 单证岗位单元标准目录

级别	单元序号	单元名称
Level 3	第 1 单元	对企业做出贡献
	第 2 单元	提升客户满意度
	第 3 单元	物流作业中重视健康与安全
	第 4 单元	物流作业中与同事建立有效的工作关系
	第 5 单元	获取单证信息
	第 6 单元	客户订单处理
	第 7 单元	系统平台使用与维护
	第 8 单元	应对物流作业问题

调度岗位单元标准目录如表 10-15 所示。

表 10-15 调度岗位单元标准目录

级别	单元序号	单元名称
Level 3	第 1 单元	对企业做出贡献
	第 2 单元	提升客户满意度
	第 3 单元	物流作业中重视健康与安全
	第 4 单元	物流作业中与同事建立有效的工作关系
	第 5 单元	日常车辆调度
	第 6 单元	监控车辆作业
	第 7 单元	载货路线和时程规划
	第 8 单元	调度室管理

项目企业方：宝供物流企业集团有限公司、中外运合肥物流有限公司。

项目学校方：徽商职业学院。

项目评估师人数：6 人。

项目学徒人数：12 人。

项目实际成果如下。

对学校：

（1）成为安徽省职业院校导入现代学徒制的先锋。

（2）学校掌握技能人才评估方法，教师提升教学水平。

（3）教师对企业的作业流程、用人需求等有了新的认识。

（4）部分优秀学徒已成为企业骨干。

对企业：

（1）企业获得一批“量身定制”的高素质、高技能人才。

（2）企业人才培养制度得到优化和改善。

项目建议如下。

（1）校企进一步完善企业导师和学徒激励方案，提高人才培养数量与质量。

（2）在学校内部拓展其他专业，开展现代学徒制培养。

相关项目图片如图 10-21 和图 10-22 所示。

图 10-21　徽商职业学院国家级现代学徒制试点项目启动仪式

图 10-22　徽商职业学院物流服务与管理专业整体升级建设项目管理会议

第十一章　企业案例汇集

一、广东美宜佳便利店有限公司

项目名称：美宜佳创新创业店长班现代学徒制项目。

项目专业：连锁经营管理专业。

培训岗位：门店店长。

项目时长：2016—2018 年，每期 3 个月。

美宜佳创新创业店长班现代学徒制项目单元标准目录如表 11-1 所示。

表 11-1　　美宜佳创新创业店长班现代学徒制项目单元标准目录

级别	单元序号	单元名称
Level 3	第 1 单元	零售知识及美宜佳简介
	第 2 单元	形象管理
	第 3 单元	优质服务
	第 4 单元	收货操作
	第 5 单元	商品陈列
	第 6 单元	仓库管理
	第 7 单元	安全防损
	第 8 单元	收银操作
	第 9 单元	便民增值
	第 10 单元	美宜佳在线及门店经营宝操作
	第 11 单元	鲜食操作
	第 12 单元	会员管理
	第 13 单元	香烟经营
	第 14 单元	财务管理
	第 15 单元	销售管理
	第 16 单元	员工管理

项目企业方：广东美宜佳便利店有限公司（简称美宜佳）。

项目学校方：东莞理工学院城市学院。

项目评估师人数：14 人。

项目学徒人数：29 人（每期平均人数）。

项目实际成果如下。

（1）人才培养时效大大提高：用 3 个月的培养时间达到了 1 年的培养效果。

（2）提高学徒工作的积极性与稳定性，提高员工企业认同感。

（3）优化企业培训体系，获取能持续迭代升级的岗位标准。

项目建议如下。

（1）可以合并部分岗位单元，提高培训效率。

（2）趋向个性辅导：辅导方法应根据学徒的个人情况而定。

（3）坚持个性培养：每个学徒的能力起点不同，喜好不同，培养成果要求应有不同。

美宜佳创新创业店长班现代学徒制项目启动会议如图 11-1 所示。

图 11-1　美宜佳创新创业店长班现代学徒制项目启动会议

二、脱普日用化学品（中国）有限公司

项目名称：脱普日用化学品（中国）有限公司中英现代学徒制项目。

项目专业：市场营销专业。

培训岗位：储备业务主管。

项目时长：2018 年 6—10 月。

脱普日用化学品（中国）有限公司中英现代学徒制项目单元标准目录如表 11-2 所示。

表 11-2　脱普日用化学品（中国）有限公司中英现代学徒制项目单元标准目录

级别	单元序号	单元名称
Level 3	第 1 单元	门店服务管理
	第 2 单元	商品陈列
	第 3 单元	促销活动
	第 4 单元	品牌推广
	第 5 单元	系统管理
	第 6 单元	经销商开发与辅导
	第 7 单元	数据分析
	第 8 单元	损益及法务概念

续表

级别	单元序号	单元名称
Level 3	第 9 单元	OGISM① 绩效管理模式
	第 10 单元	经销商经营与管理
	第 11 单元	营销知识

项目企业方：脱普日用化学品（中国）有限公司。

项目学校方：无。

项目评估师人数：2 人。

项目学徒人数：5 人。

项目实际成果如下。

（1）人才培养时效大大提高：用 5 个月的培养时间达到了 5 年的培养效果。

（2）人才培养质量得到认可：培养结束后，3 人调往总部，2 人升任片区主管。

（3）完善脱普日用化学品（中国）有限公司内部培训体系：内部培训体系更加系统化，并且新增岗位技能标准及质量评估方法等。

项目建议如下。

（1）高度重视配合：企业与辅导机构的配合、评估师与企业导师的配合等。

（2）趋向个性辅导：辅导方法应根据学徒的个人情况而定。

（3）坚持个性培养：每个学徒的初始能力不同，喜好不同，培

① OGISM 对应 5 个不同的维度，其中“O”（object）指目标，是一个思维框架、“G”（Goal）是分量目标、“I”（Issue）是课题、“S”（Strategy）是策略、“M”（Measurement）是衡量标准。

养成果要求应有不同。

相关项目图片如图 11-2、图 11-3 所示。

图 11-2　脱普企业集团中英现代学徒制项目启动会议

图 11-3　脱普企业集团中英现代学徒制项目总结会议

该企业已完成第二期现代学徒制项目，第三期正在筹备中。

三、东莞市伟盛饮料有限公司

项目名称：东莞市伟盛饮料有限公司中英现代学徒制项目。

项目专业：市场营销专业。

培训岗位：储备业务主管。

项目时长：2019 年 3—7 月。

东莞市伟盛饮料有限公司中英现代学徒制项目单元标准目录如表 11-3 所示。

表 11-3　东莞市伟盛饮料有限公司中英现代学徒制项目单元标准目录

级别	单元序号	单元名称
Level 3	第 1 单元	了解组织和行业环境
	第 2 单元	沟通协调与团队合作
	第 3 单元	影响销售的因素分析
	第 4 单元	客户开发与辅导
	第 5 单元	商品陈列技术
	第 6 单元	商品推广技术
	第 7 单元	促销活动执行
	第 8 单元	销售计划实施
	第 9 单元	销售数据分析

续表

级别	单元序号	单元名称
Level 3	第 10 单元	个人绩效改善
	第 11 单元	团队绩效管理
	第 12 单元	运营计划制订

项目企业方：东莞市伟盛饮料有限公司。

项目学校方：无。

项目评估师人数：2 人。

项目学徒人数：4 人。

项目实际成果如下。

(1) 学徒综合能力大幅度提升：提升了学徒的汇报、文字表述、PPT 制作与美化等能力。

(2) 东莞市伟盛饮料有限公司获得大量的内训资源：项目期间产生大量的文档、音频、视频等学习资料，大大扩充了内训资源库。

(3) 通过实施该项目，完善了东莞市伟盛饮料有限公司的育人体系：东莞市伟盛饮料有限公司内部育人体系更加系统化，并且新增岗位技能标准及质量评估方法等。

项目建议如下。

(1) 高度重视配合：评估师与企业导师应保持密切沟通，可定期举行会议。

(2) 趋向个性辅导：辅导方法应根据学徒的个人情况而定。

(3) 注重人文关怀：更多地关心学徒、鼓励学徒，使学徒明确学习目标。

东莞市伟盛饮料有限公司中英现代学徒制项目启动会议 1 和 2 分别如图 11-4 和图 11-5 所示。

图 11-4 东莞市伟盛饮料有限公司中英现代学徒制项目启动会议 1

图 11-5 东莞市伟盛饮料有限公司中英现代学徒制项目启动会议 2

该企业第二期现代学徒制项目正在筹备中。

四、前导商贸有限公司（一期）

项目名称：前导商贸有限公司中英现代学徒制项目一期。

项目专业：国际贸易专业。

培训岗位：业务经理。

项目时长：2018 年 6 月 28 日—11 月 15 日。

前导商贸有限公司中英现代学徒制项目一期单元标准目录如表 11-4 所示。

表 11-4 前导商贸有限公司中英现代学徒制项目一期单元标准目录

级别	单元序号	单元名称
Level 3	第 1 单元	沟通协调与合作
	第 2 单元	提升业务能力
	第 3 单元	供应商关系维护
	第 4 单元	产品开发
	第 5 单元	业务协商
	第 6 单元	商品采购
	第 7 单元	生产过程管理
	第 8 单元	品质管理
	第 9 单元	出货排程管控
	第 10 单元	提高客户/供应商满意度

项目企业方：前导商贸有限公司。

项目学校方：无。

项目评估师人数：5 人。

项目学徒人数：9 人。

项目目标：培训出合格的业务经理。

项目实际成果如下。

（1）企业掌握现代学徒制人才培养体系以及多元评估方法。

（2）企业获得一批“量身定制”人才。

（3）企业导师自身知识和技能得到同步提升。

（4）企业借鉴现代学徒制人才培养模式，并将其应用到各岗位培训中。

（5）企业人才培养制度得到优化和改善。

项目建议如下。

（1）学习时间不足。在学习的过程中，学徒学习时间本来就紧迫，再加上遇到出货旺季，容易影响学徒取证，所以我们在会议上讨论调整一些重要单元的学习时间，将学习时间延长为两周，让学徒有充分的时间学习与取证，以达到学习目的。

（2）跨单元取证次数过少。经过会议讨论之后，多数评估师已经开始跨单元取证，也有评估师采用新单元的取证内容包含之前的单元的取证内容的方法，帮助学徒温故知新，让学徒多次练习，从而使学徒融会贯通。

相关项目图片如图 11-6、图 11-7 所示。

图 11-6　前导商贸有限公司中英现代学徒制项目管理会议

图 11-7　前导商贸有限公司中英现代学徒制项目总结会议

五、前导商贸有限公司（二期）

项目名称：前导商贸有限公司中英现代学徒制项目二期。

项目专业：国际贸易专业。

培训岗位：业务经理。

项目时长：2019 年 4 月 19 日—9 月 21 日。

前导商贸有限公司中英现代学徒制项目二期单元标准目录如表 11-5 所示。

表 11-5　前导商贸有限公司中英现代学徒制项目二期单元标准目录

级别	单元序号	单元名称
Level 3	第 1 单元	沟通协调与合作
	第 2 单元	提升业务能力
	第 3 单元	供应商关系维护
	第 4 单元	产品开发
	第 5 单元	业务协商
	第 6 单元	商品采购
	第 7 单元	生产过程管理
	第 8 单元	品质管理
	第 9 单元	出货排程管控
	第 10 单元	提高客户/供应商满意度
	第 11 单元	贸易流程与实务

项目企业方：前导商贸有限公司。

项目学校方：无。

项目评估师人数：4人。

项目学徒人数：6人。

项目目标：培训出合格的业务经理。

项目实际成果如下。

经过与企业方协商，形成企业定制化单元标准，单元标准与岗位工作匹配度为90%（10%的不匹配是为了加强学徒其他专业能力）。企业对项目的满意度为100%，并积极筹备其他岗位现代学徒制项目。

（1）前导商贸有限公司优化了现代学徒制人才培养体系。

（2）完成单元标准的优化与调整。

（3）前导商贸有限公司找到现代学徒制培训体系的配合模式与步调。

（4）成功培养出4位评估师、6位学徒。

（5）本次项目成功使评估师、企业导师、学徒获得成长。

（6）产出的作业成为前导商贸有限公司的培训教材。

项目建议如下。

应把握好学习节奏：一周学习与完成知识点取证，一周完成技能点取证。太过匆忙反而容易导致学习内容不够完整，要适时根据实际工作状况做调整。

相关项目图片如图11-8、图11-9所示。

图 11-8　前导商贸有限公司中英现代学徒制项目管理会议

图 11-9　前导商贸有限公司中英现代学徒制项目总结会议

六、东莞市彩田食品有限公司

项目名称：东莞市彩田食品有限公司中英学徒制项目。

培训岗位：采购岗位、品管岗位、生产岗位、物流岗位、营销岗位。

项目时长：2018 年 3—8 月。

采购岗位单元标准目录如表 11-6 所示。

表 11-6　采购岗位单元标准目录

级别	单元序号	单元名称
Level 3	第 1 单元	了解组织环境
	第 2 单元	团队合作
	第 3 单元	沟通协调
	第 4 单元	商务谈判
	第 5 单元	供应商管理
	第 6 单元	合同和协议管理
	第 7 单元	采购质量管理
	第 8 单元	数据分析

品管岗位单元标准目录如表 11-7 所示。

表 11-7　品管岗位单元标准目录

级别	单元序号	单元名称
Level 3	第 1 单元	如何建立质量安全体系
	第 2 单元	建立标准作业程序
	第 3 单元	建立品控评估机制
	第 4 单元	质量安全工具应用
	第 5 单元	“四害”（蚊子、苍蝇、老鼠和蟑螂）与异物管控和评估
	第 6 单元	风险评估应用
	第 7 单元	应用数据统计分析
	第 8 单元	团队建设与合作

生产岗位单元标准目录如表 11-8 所示。

表 11-8　　生产岗位单元标准目录

级别	单元序号	单元名称
Level 3	第 1 单元	在自己的职责范围提高领导力与确定职业发展方向
	第 2 单元	规划、分配和监控团队的工作
	第 3 单元	在食品生产中实施可视化管理
	第 4 单元	应用价值管理
	第 5 单元	规划并商定目标以实现卓越生产
	第 6 单元	开展全员生产维护（TPM）活动
	第 7 单元	改善设备综合效率（OEE）
	第 8 单元	持续改进，实现与突破目标

物流岗位单元标准目录如表 11-9 所示。

表 11-9　　物流岗位单元标准目录

级别	单元序号	单元名称
Level 3	第 1 单元	提高物流运作的绩效
	第 2 单元	领导物流生产团队
	第 3 单元	物流营运团队中的工作分配和检查
	第 4 单元	在物流运作中维护危险货物和材料的安全
	第 5 单元	发货、收货和出入库的监控
	第 6 单元	安排物流作业以满足供应商的要求
	第 7 单元	应对物流运作中的问题
	第 8 单元	在物流作业中应用相关技术

营销岗位单元标准目录如表 11-10 所示。

表 11-10　　营销岗位单元标准目录

级别	单元序号	单元名称
Level 3	第 1 单元	目标市场调查与分析
	第 2 单元	销售系统平台的操作与应用
	第 3 单元	分析并应用与销售相关的数据
	第 4 单元	谈判、处理异议与签订合同
	第 5 单元	营销在促销活动中的运用
	第 6 单元	提供营销产品的需求
	第 7 单元	门店服务管理
	第 8 单元	领导销售或营销团队

项目企业方：东莞市彩田食品有限公司。

项目评估师人数：6 人。

项目学徒人数：11 人。

项目实际成果如下。

（1）完善了公司内部人才培训制度。

（2）建立了东莞市彩田食品有限公司内部人才培养体系。

（3）完善了东莞市彩田食品有限公司的相关岗位制度和岗位技能操作文件与流程。

（4）成功培养出 6 位评估师、11 位具备岗位技能的学徒。

项目建议如下。

（1）项目结束后，梳理并完善内部各岗位标准制度及相关文件。

（2）项目结束后，总结归纳并完善当前岗位知识。

相关项目图片如图 11-10、图 11-11 所示。

图 11-10　东莞市彩田食品有限公司中英学徒制项目启动会议

图 11-11　东莞市彩田食品有限公司中英学徒制项目总结会议

七、东莞市彩星信息科技有限公司

项目名称：美宜佳信息中心现代学徒制项目。

培训岗位：信息系统管理员岗位。

项目时长：2018 年 4—8 月。

美宜佳信息中心现代学徒制项目单元标准目录如表 11-11 所示。

表 11-11　　美宜佳信息中心现代学徒制项目单元标准目录

级别	单元序号	单元名称
Level 3	第 1 单元	了解组织环境
	第 2 单元	团队合作
	第 3 单元	沟通协调
	第 4 单元	激励与绩效
	第 5 单元	维护客户关系
	第 6 单元	系统管理
	第 7 单元	测试信息系统
	第 8 单元	数据库管理
	第 9 单元	技术咨询和指导
	第 10 单元	远程服务
	第 11 单元	故障诊断
	第 12 单元	系统安全管理

项目企业方：东莞市彩星信息科技有限公司。

项目学校方：无。

项目评估师人数：5 人。

项目学徒人数：10 人。

项目实际成果如下。

（1）信息系统管理员在沟通分享、学习主动性和团队凝聚力等方面取得了长足进步。

（2）信息系统管理员的专业技能得到进一步提升，如对 MPS（主生产计划）、WMS（仓库管理系统）、采购平台、数字营运平台、加盟服务平台的操作运用。

（3）成功培养出 5 位评估师、10 位信息系统管理员学徒。

（4）形成企业内部现代学徒制人才培养体系。

项目建议如下。

（1）项目结束后，梳理并完善内部信息系统管理员岗位制度及相关文件。

（2）可以进一步优化、完善 V1.0 版岗位标准，形成 V2.0 版岗位标准。

（3）梳理学徒的证据材料，开发信息系统管理员岗位培训教学资源包。

相关项目图片如图 11-12、图 11-13 所示。

图 11-12　信息中心中英现代学徒制项目启动会议

图 11-13　东莞市彩星信息科技有限公司中英现代学徒制项目评估师培训

第十二章　现代学徒制课题文章

一、第三方评估是现代学徒制教学质量的把关者

比较英国现代学徒制与德国双元制，可以发现第三方评估是维系现代学徒制生命力和教学质量不可或缺的元素。

第三方评估就是考训分离的一种方法，这种方法不仅符合科学原理，而且保证了被培训者最终合格的正当性、真实性、公正性与可靠性。

第三方评估机构，可以是校企双方以外的单位，如官方机构、行业协会或受政府委托的专业培训机构。

第三方评估机构如何客观地评估呢？

首先，学徒的学习内容必须有标准，如英国和德国的职业标准。

其次，学徒的学习成果必须有证据，如产品、视频、作业、录

音、汇报材料、工作产出、取得证书等。

再次，学徒的培训程序必须标准化，如现场评估、视频会议、团队会议、三方会议等都有一定的标准流程。

最后，学徒的证据必须通过评估师、内审员和外审员的层层审核，审核通过后学徒才能取得培训合格证书或职业资格证书。

第三方评估有双重意义：表面上是评估学徒是否学习到位，其实也等同于评估师傅是否教到位。法国的学徒制师傅最后须在培训合格证书上签字，这可以让师傅有荣誉感并且为自己的培训负责。

国内推行现代学徒制（本书也将其简称为学徒制），独缺第三方评估机构，如何解决？

首先，可以由政府委托各省市教育科学研究院（教科院）聘请资深的评估师或内审员担任外审员，承担第三方评估业务（合格者颁发培训合格证书或职业资格证书）。

其次，可以由行业协会聘请资深的评估师或内审员担任外审员，接受政府委托，承办第三方评估业务（合格者颁发培训合格证书或职业资格证书）。

最后，由学校自行委托现代学徒制培训单位的相关人员担任外审员，承担第三方评估业务（合格者颁发培训合格证书）。

根据笔者辅导的经验：学校首先最希望学徒取得的是官方的合格证书，其次是行业协会的合格证书。而企业首先最希望学徒取得的是企业内部的合格证书，其次才是培训机构的合格证书。这是因为学校希望学生取得证书以便于就业找工作；但企业考虑培训成本与留住人才，希望员工取得内部培训证明作为升迁依据，以防员工带着权威机构的证书跳槽！

二、如何让企业爱上现代学徒制

教育部已经公布第二批现代学徒制试点院校，在数量上，比第一批多了200多个试点单位，足见教育部充分肯定第一批试点院校的实施成效。根据笔者辅导经验，学校的领导普遍认为导入现代学徒制最难的是找到有意愿又合适的企业。

1. 校领导的心声

（1）希望企业的规模足以吸引成班的学徒，如30~40位，但大型企业的网点经常分布全国，单一网点难以一次性安排学徒就业，并且学徒省外就业的意愿也不强，容易离职，进而影响了就业的稳定性。

（2）希望企业有完善的企业标准（工作说明书），以方便学徒学习，但还有很多企业没有完善的工作说明书，而是采用“师带徒”的培养模式，甚至有的企业人资部门的考核也缺乏完善的岗位技能评估体系。

（3）希望企业为学生提供实习工资，但由于学校无法向企业承诺学徒在校三年后会履行就业承诺，校方无法强制要求企业先期投入培训成本。

2. 让企业愿意和学校共同培育人才

（1）学校可以分步导入招生与招工一体化，也就是第一年先招生后招工，第二年或第三年再过渡到招生与招工一体化。先让企业认识到现代学徒制不同于以往的顶岗实习项目，体验到现代学徒制的优点——能给企业带来人才培养的经济效益。

（2）学校可以带企业参访已经导入现代学徒制成功的学校和企业，让他们现身说法，加快企业对现代学徒制的正确认识。

（3）邀请有辅导经验的专家到企业拜访，由专家代表校方向企业介绍现代学徒制的优点：从政策面、管理面、人资面、成本面、资源面等进行介绍，如现代学徒制可以降低企业人才流失率、取得持续性的生源、提高人才培养成功率、缩短人才养成时间等，让企业理解国家在产业与人才升级方面的大战略思维！

（4）学校要持续提供现代学徒制的专业文章或报导给企业，帮助他们认识职业培训的新知识、新技能、新战略，这有利于企业提前认识现代学徒制的先进性、科学性、可实现性。

3. 案例分享

九州通医药集团股份有限公司与武汉市财政学校共同导入现代学徒制后，均给出高度评价。在项目总结会上，企业代表发言时，归纳出以下四点优点。

（1）现代学徒制解决了评估者与被评估者的对立问题。

（2）现代学徒制解决了评估的客观性与可衡量性问题。

（3）现代学徒制体现培训效果与能力提升的因果关系并可以使之稳定存续。

（4）现代学徒制第三方评估解决了质量保障可靠性问题。

4. 其他成功案例

顶通物流有限公司说：现代学徒制补齐了企业人才培养的短板，值得导入。

顺丰速运（集团）有限公司说：现代学徒制人才培养成效特别明显，值得扩大合作。

天图物流说：现代学徒制的人才培训模式值得内部借鉴与推广。

德邦物流说：现代学徒制我们一开始没认识到位，现会全力配合。

美宜佳便利店有限公司说：门店获得成长和店长离职率的降低，得力于现代学徒制。

相信在政府政策的大力支持下，学校有足够的资源和信心推广好现代学徒制。现代学徒制是内涵建设的抓手，是教学质量提升的入场券！

三、解析英国现代学徒制最新变革

2016 年英国开始讨论和推动现代学徒制的变革，原因是现代学徒制补助经费由政府部门移转给企业承担。英国改革前的做法如下。

（1）培训机构协助企业招聘学徒并根据岗位需求设计学习框架和学习计划。

（2）企业正式聘用学徒后，由培训机构按现代学徒制颁证机构的要求，安排合格评估师到企业岗位上为学徒进行培训。

（3）培训机构安排内部的内审员对评估师的培训质量进行把关。

（4）学徒最终是否培训合格，由第三方的颁证机构聘请外审员进行最终评估。

（5）学徒通过评估后，取得颁证机构的职业资格证书，同时培训机构可以获得政府的经费补助。

英国改革后的做法如下。

（1）由企业先锋（行业龙头企业和小优企业组合）制定岗位标准（类似课纲），内容包含技能类、知识类和素养类。经政府审核合格后公布，供同业参考。

（2）培训机构根据岗位标准（类似课纲）设计学徒的学习内容和学习计划；在标准模式下开发教材，可参考原有框架模式的单元标准（含知识点与技能点）。

（3）第三方评估机构评估学徒的方式由过程评估改为最终评估，评估方法由政府规定，如笔试、口试和工作产出测评等。

（4）原有的颁证机构与培训机构都可以向政府分管单位重新申请成为第三方评估机构。

（5）政府分管单位根据第三方评估结果，颁发职业资格证书。

（6）培训机构的经费来自企业设立的学徒基金（政府强制征收，专款专用），学徒培训完成，政府审查通过后，才从基金中提拨培训费给培训机构。

改革前后比较解析如下。

（1）培养模式：由原先的框架模式（技能与知识）调整为标准模式（技能、知识和素养）。

笔者评析：调整前，职业教育（简称职教）的成分包含基础核心能力的培养，如语文、数学和 ICT（信息与通信技术）；调整后，取消了基础核心课程学分，让学徒制更贴近职业培训，但更脱离职业教育。

（2）岗位标准：在框架模式下，学徒的学习内容必须在单元标准中挑选，有时会出现和企业的岗位需求不完全匹配的情况。改为标准模式后，企业与培训机构合作开发培训教材时有更大的选择权或决定权，这样，学徒的学习内容与企业的岗位需求更匹配。

笔者评析：新模式比原模式更进步，更以企业利益为核心。

（3）过程评估：关于原有过程的评估方法，培训机构可自行运用，其不再作为学徒最终考核合格的依据。

笔者评析：新模式简化了评估方法，消除了过程评估的必要性，让新模式更贴近德国的双元制。

（4）第三方评估机构：原有培训机构和颁证机构都需要重新向政府申请设立第三方评估机构。

笔者评析：新模式大破大立，用第三方评估机构取代原颁证机构。

（5）职业资格证书：由政府根据第三方评估机构的评估结果，为合格者统一颁发职业资格证书。

笔者评析：职业资格证书改由政府统一颁发，确保了证书的权威性，符合质量管理原则。

英国学徒制大变革，主要原因是政府经费不足，政府希望企业自给自足，因此，新体系设计不得不站在企业的立场，即加重职业培训元素、减少职业教育元素。英国采取这样的变革，让人感觉有点无奈，值得我们反思与警惕！

四、“一带一路”大环境下现代学徒制如何跨境输出

“一带一路”倡议是大国和平崛起的大智慧。各行各业都可以借此机会输出产品或服务。我国是职教大国，尤其最近几年，国务院

倡导“互联网+”、鼓励“大众创业、万众创新”。利用互联网技术可以促进产业升级和创新，如智能制造、滴滴打车、共享单车等。在教育部与人力资源和社会保障部相关政策的指导下，职业教育与培训飞跃发展，如全国技能比赛结合工匠精神教育、现代学徒制和人才培养模式创新等。

现代学徒制由英国或德国引入我国已有一段时间，2014 年教育部与人力资源和社会保障部分别推出现代学徒制和新型学徒制试点。经过三年的探索，已取得很好的成效（教育部已发布第二批试点申报通知）。笔者借助英国模式辅导多家企业导入，已取得巨大成果。这种高精准的人才培养模式，值得借国家“一带一路”倡议的顺风车推行到国外，尤其是正处于经济快速发展的东盟国家，其需要大量的技术和管理人才，我国正好可以跨境输出中国式的现代学徒制。

如何开展这一有意义的事业呢？笔者认为有以下三种方式。

（一）输出理念和案例

借助国际教育交流平台或行业协会国际交流平台等，将我国导入现代学徒制的教学或培训经验，分享给输入国。

（二）输出技术

与输入国的教育或培训机构合作或合资，以学徒制的评估技术作价，技术入股对方，实现双赢。

（三）输出体系

与输入国的行业协会合作，建立现代学徒制评估体系，包含设立第三方评估机构和第三方辅导或培训机构等。

在“互联网+”的新时代，输出职业培训变得更加可行与容易。产教如何紧密融合？教学质量如何提高？这都是全球职业教育共同面临的难题，根据欧洲发达国家的经验，现代学徒制是最佳的解决方案。说明如下。

1. 现代学徒制解决了培训精准度的难题

岗位技能标准是根据企业的岗位能力要求开发出来的，学徒的学习内容和岗位能力要求高度吻合，而且岗位技能标准还可以随着项目经验的积累不断地优化。

2. 现代学徒制解决了教学质量保障的难题

学徒的学习成果必须以证据的形式展示出来，评估师、内审员和外审员根据证据客观评估学徒的学习质量。

3. 现代学徒制解决了应试教育下学徒怕考试的难题

现代学徒制采用过程评价方式，学徒必须“做中学”，企业导师必须“做中教”，评估师必须每周到现场评估。根据提交的证据进行学徒的考核，而非考试，此培养方式解决了学徒怕考试的难题。

4. 现代学徒制解决了人才短缺和高流动性的难题

导入现代学徒制期间，学徒在企业导师和评估师的共同教导下，须按不同的评估方法进行学习，使得学习方式多样化，这样，不仅可提高学徒的学习兴趣，还会随着能力提升，使学徒获得职业发展机会，从而更愿意留在企业工作。

5. 现代学徒制解决了结构性失业的难题

由于现代学徒制的顶层设计符合科学方法和质量原理，所以对于新能力的培养迅速有效，这有助于结构性失业者转换就业跑道。

6. 现代学徒制解决了由学生身份到职业人身份转变的难题

企业导师、评估师、内审员和外审员的关心与辅导让学徒顺利完成由学生身份向职业人身份的转变。

7. 现代学徒制解决了让学生掌握实践能力的难题

学徒的学习场地是企业，学徒要向企业导师学习标准作业程序（SOP），也要根据评估师的要求学习岗位标准。双导师的指导能让学徒快速掌握所需技能。

8. 现代学徒制解决了让教师成为双师型教师的难题

评估师由专业教师担任，评估师必须掌握岗位标准中的知识与技能。在评估的过程中，评估师要深入了解企业的运作流程和管理，这样才能成为具有实践能力的双师型教师。

9. 现代学徒制解决了企业采用“师带徒”模式存在的难题

一般企业采用“师带徒”的模式培养人才，师傅的工作稳定性和指导完整性都是企业难以把控的，而现代学徒制的岗位标准正好可以有效地解决企业的这一难题。

10. 现代学徒制解决了人才培养流程标准化的难题

人才培养流程标准化能有效地控制培养成本。现代学徒制有非常严谨的操作程序和管控工具，让企业能按标准流程进行人才培养，根据学习曲线理论，随着经验的积累，效果会越来越佳！

从经济发展的角度看，在经济发展的过程中，发展中国家会面临产业的不断升级，因此，工人的技术和能力也需相应地持续提升。发达国家已认定现代学徒制是培养技术技能型人才的最佳方案，对于发展中国家而言，导入现代学徒制是培养优质劳动力的最佳捷径！我国推动现代学徒制已经三年了，此时跟随国家“一带一路”倡议的大方向发展，跨境输出中国式的现代学徒制，正逢其时！

五、现代学徒制与高质量职业教育

职业教育与职业培训是有区别的，职业教育更重视一个人在职场上的综合能力培养，包含对其可持续发展能力的培养；职业培训的重点在于根据岗位上的某一技能需要，以最短的时间和最低成本对员工进行培训，当员工掌握某些技能后，就可以立即上岗工作，为企业创造经济效益。两者的目的虽有不同，但都在追求高质量成果。由于职业教育存在巨大的社会效益外溢性，因此，比职业培训更难量化评价！

笔者自1997年追随中国台湾质量管理大师盛其安先生学习，对于质量管理有一定的认识。质量就是客户对产品或服务体验的综合感觉。因此笔者从以下几个方面讨论职业教育的质量问题。

（1）客户满意。职业教育的客户是学生家长，学生家长说好，才是真的好。

（2）可衡量性。质量代表着有可衡量的标准，职业教育的衡量标准（不考虑外溢性）是学生家长（购买服务者）的满意度，学生毕业后的就业机会和工资水平是学生家长重点关注的。

（3）可控性。学生培养过程必须是可控的，也就是学校的教学质量水平必须是可被监控、可确保的。

（4）可持续发展。培养体系应该具有回馈机制和自我修正能力。

根据以上说明，笔者认为高质量职业教育应该满足以下几个方面。

1. 客户满意

教育是人类追求幸福生活的一种引申需求，教育一方面可以提升个人的精神文明素养；另一方面可以提升个人的物质回报。父母对子女的教育都非常重视。他们择校的关键要素之一就是学校的美誉度或知名度，更具体地说，学生家长最关注的就是子女毕业后，具有的综合素养和职业能力。他们期待子女在学校能获得丰富的知识、熟练的技能和良好的综合素养，学成后能为家庭、社会做出贡献！现代学徒制就是帮助学生顺利从学生身份转变为职业人身份的有效途径，职业标准中涵盖了学生毕业后想从事岗位的知识、技能与素养。

2. 可衡量

现代学徒制对职业标准中的知识、技能与素养有衡量标准，即具有科学的评估方法，如观察法、引导式讨论法等。采用科学的评估方法对职业标准进行正确衡量是成功导入现代学徒制的核心。

3. 可监控

现代学徒制采用学习后学徒必须提供证据来证明自己学习到位的方法，让学习成果可以由利益相关方客观地进行监控。也就是师傅指导学徒的学习成果受评估师的监控、评估师的评估质量受内审员的监控、内审员的管理质量受外审员（第三方）的监控。现代学徒制必须有标准、有证据、有评估，这样才容易见真效，才能受企业欢迎！

4. 可持续

现代学徒制的学习内容是根据企业人才需求和学徒的个人能力量身定制的，其采用过程评价和阶段性评价，经过计划、评估、总结、回馈来提升学徒的学习能力和学习效果，这完全符合质量管理中的 PDCA[①] 循环原理。现代学徒制逐渐成为职业人终身学习的可行机制。英国已经开发学徒五级与六级，以期帮助高职和本科生毕业后更快地转变为职业人，胜任企业的管理岗位！

笔者认为现代学徒制是确保教学质量科学、有效的方法之一；换言之，达成高质量职教的最佳途径就是全面推行现代学徒制。教育部已推行第二批现代学徒制试点，相信 2.0 版的试点，会让现代学徒制更落到实处，更受企业欢迎！

① PDCA 是计划（Plan）、实施（Do）、检查（Check）、行动（Action）的首字母组合。

六、导入现代学徒制如何不忘初心

教育部第一批现代学徒制试点验收后，笔者发现在学徒培养质量方面，提升效果还不够明显。主要原因有以下五个。

1. 缺乏岗位技能标准

根据教育部的文件要求，对于学徒的培养采用双导师制：专业教师负责理论教学，企业师傅负责实习与实训课程指导。企业师傅是以企业的标准来指导学徒的，如果企业的标准低于行业标准，就无法让企业明显感受到学徒制能提升人才价值。企业未见其利，先见其弊：需投入三年时间成本共同培养员工（许多劳动密集型的行业，基层员工的年离职率在50%～100%）。化解此难题的方法就是各行业协会要尽快制定行业标准，减轻企业的负担以及提高人才培养质量。

2. 缺乏教学评估方法

根据教育部的文件要求，教学评估采用多元形式，包含过程评估、第三方评估等。由于目前试点学校无法吃透过程评估的意义和重要性，大多采用总结性考核方式来取代过程评估。其无法将学徒的学习成果转换为客观的证据，供客观评价。解决此难点的方法就是在实施的过程中引进更科学的教学评估方法。

3. 对于过程评估缺乏正确认识

“评估”一词的意义不完全等同于考核或评价。评估是在最终评价（或考核）前的一种衡量，其目的在于确认当前改善情况与设定目标还存在多大差距。以英国现代学徒制为例，评估师的职责就是定期采用评估方法（11 种）衡量学徒的学习进程，帮助学徒逐步成长，直到完成全部学习任务。

4. 缺乏第三方评估体系

如前所述，由于学徒的学习成果无法转换成客观的证据，因此，就难以实现第三方评估。整个项目的质量保障体系就不稳定、无法持续改善。

解决之道就是导入教学评估方法，建立评估师制度，也就是企业师傅的教学质量改由评估师和第三方机构来监控。

5. 导入现代学徒制缺乏教练指导

由于目前现代学徒制的实施是由学校主动发起的，企业被动配合，因此实施效果不佳。学校和企业必须相互磨合，按教育部的文件要求，共同制订招生计划、人才培养方案，共同制定岗位标准、教学标准，共同开发实训教材等，其中，制定岗位标准是学徒制导入成功的关键要素。除此之外，教学评估方法与第三方评估方法等对校企双方来说也是陌生的课题。此难点如何解决？笔者的建议是购买服务。就是请有成功导入经验的辅导单位到校指导。这也是目前最易见效的解决方案。

如何站在第一批现代学徒制试点成功院校的肩膀上，让教育部第二批现代学徒制试点更有成效。以上五点原因和建议，期待能为相关院校、企业提供启发！

七、如何评价职业院校现代学徒制试点项目

2014 年人力资源和社会保障部（简称人社部）和教育部分别推出中国特色的学徒制试点文件，人社部将其称为新型学徒制，鼓励企业招聘新员工或挑选在职员工与当地的技师学院共同培养学徒，经费由政府补助，学徒培训合格后可取得文凭。教育部将其称为现代学徒制，鼓励学校与企业共同招收学徒，经过三年的校企共育，学生毕业可以取得文凭和就业机会。两者比较，人社部采用的是以取得文凭为目的的员工培训、培养方案；教育部采用的是以就业为目的的学生教育培养方案。经过三年，终于要验收了！笔者根据辅导多所学校与多家企业导入学徒制的经验，抛砖引玉提出以下个人看法。

1. 总体评价

我们都知道，职业院校培养人才是为社会所用，客户是企业(用人单位)，客户的满意度才是衡量职业教育成功与否的重要标准。每次参加各地教育指导委员会会议，经常听到企业抱怨学生“不好用”。其实这是全球职业教育普遍存在的现象。根据笔者的经验，企业是通过再加工的模式来解决学生技能上的落差问题的。因此，职业培训是可以弥补职业教育的不足的。

企业的评价标准在哪里?

(1) 工作质量：学徒是否可以按时保质地完成组织交办的工作任务。

(2) 工作态度：学徒的行为举止是否符合职场礼仪和企业的价值观或管理规范。

(3) 综合能力：学徒除了专业能力外，是否还具备学习、沟通和适应等能力。

学徒符合上述三种标准，相信企业会给予学徒工作机会，也会尽全力栽培该学徒！那么如何做到此标准？以英国现代学徒制为例，具体做法如下。

(1) 学徒必须根据岗位标准学习并提交学习证据给评估师和内审员，证明自己按时保质地完成了企业师傅交办的工作任务。

(2) 评估师和内审员与企业师傅共同关注学徒的行为举止，采用“现场观察”评估学徒的职业素养。同时，在学习的标准条文里，也已经涵盖该岗位所要求的行为规范。

（3）学徒除了学习专业技能外，还要学习核心课程，如语文、数学、ICT 等，以强化学徒的综合能力。

（4）为了确保上述的评价是客观、公正的，英国现代学徒制还引进第三方评估机制，由现代学徒制评估专家根据现场观察和学习证据审查评估决策，并决定学徒是否通过。

2. 技术评价

除了站在企业的角度来衡量学徒培养成功与否外，第一批现代学徒制试点单位（以院校为例），还需按教育部的文件提供以下项目的产出材料。

（1）共同制定现代学徒制培养管理办法。

（2）研讨如何建立现代学徒制长效机制。

（3）共同制订招生招工一体化方案。

（4）签订三方或四方现代学徒制项目实施协议。

（5）共同制订人才培养方案（含共同制定专业教学标准、课程标准、岗位标准、企业师傅标准、质量监控标准及制订相应实施方案）。

（6）共同制定课程体系以及开发课程。

（7）共同制定双导师管理办法。

（8）建立教学管理办法。

（9）制定学徒管理办法。

3. 项目工作内容（见下表）

项目工作内容

工作内容	细项内容	具体做法
探索校企协同育人机制	提交现代学徒制培养管理办法	（1）校企职责与分工； （2）校企联合招生； （3）校企分段育人； （4）多方参与评价
	联合开展现代学徒制长效机制	（1）探索人才培养成本分担机制； （2）统筹教学资源：校内实训场所、公共实训中心、企业实习岗位
推进招生招工一体化	共同完善招生招工一体化方案	（1）校企共同研制与实施该方案； （2）根据不同生源特点，实行多种招生考试办法
	明确学徒的企业员工和职业院校学生双重身份	（1）规范职业院校招生录取和企业用工程序； （2）按照双向选择原则，学徒、学校和企业签订三方协议； （3）对于年满 16 周岁未达到 18 周岁的学徒，须由学徒、监护人、学校和企业四方签订协议； （4）协议内容：明确各方权益及学徒在岗培养的具体岗位、教学内容、权益保障等

续表

工作内容	细项内容	具体做法
完善人才培养制度和标准	校企共同设计人才培养方案	按照“合作共赢、职责共担”原则，共同制定专业教学标准、课程标准、岗位标准、企业师傅标准、质量监控标准及制订相应实施方案
	校企共同建设基于工作内容的专业课程和基于典型工作过程的专业课程体系	开发基于工作岗位内容、融入国家职业资格标准的专业教学课程和教材
建设校企互聘共用的师资队伍	完善双导师制	建立健全双导师的选拔、培养、考核和激励制度，形成校企互聘共用的管理机制
	明确双导师职责和待遇	合作企业要选拔优秀高技能人才担任企业师傅，明确企业师傅的责任和待遇，企业师傅承担的教学任务应纳入考核，其可享受相应带徒津贴
	规范指导教师	企业实践和技术服务纳入教师考核并作为晋升专业技术职务的重要依据
	建立灵活的人才流动机制	校企双方共同制定双向挂职锻炼、横向联合技术研发、专业建设的激励制度和考核奖惩制度
建立体现现代学徒制特点的管理制度	建立健全的、与现代学徒制相适应的教学管理制度	制定学分制管理办法和弹性学制管理办法
	创新考核评价与督查制度	制定以育人为目标的实习实训考核评价标准，建立多方参与的考核评价机制
	建立教学质量监控机制	采用定期检查、反馈等形式
	制定学徒管理办法	(1) 根据教学需要，科学安排学徒岗位、分配工作任务，保证学徒报酬合理； (2) 落实学徒的责任保险、工伤保险，确保人身安全

以上是工作内容的梳理。以英国现代学徒制为例，其做法如下。

（1）现代学徒制管理办法已经由英国主管部门制定完成。

（2）学徒的身份是员工，非双重身份，由企业发工资，由教育机构或培训机构负责培训，由第三方负责评估（如颁证机构）。学徒的培训费用按政府规定收取，既有由政府承担的，也有由政府、企业共同承担的。

（3）职业标准由英国主管部门成立的全国性的临时委员会负责开发与制定。临时委员会由行业专家、职教专家、标准专家共同组成。

（4）由英国主管部门制定学习框架，由培训机构根据学分确定相应的学习内容。

（5）学徒由企业导师负责培养，学徒要学习企业 SOP 和职业标准并将学习成果转换为学习证据，评估师按职业标准和学习证据来评估学徒。

（6）评估师的评估质量由内审员负责评估，内审员的评估质量由外审员负责评估，从而形成其特有的质量保障体系。

而我国试点职业院校则要在一个比较模糊的框架下完成现代学徒制项目的实施（校企双方在建立制度和开发课程、编写教材方面花费大量时间），但只要我们共同努力，摸着石头过河，先破后立，必有迎头赶上欧美职业教育水平的一天！

八、双师型教师培养与现代学徒制中的双导师制

1. 双师型教师培养

在国家示范校建设项目中，明确提出培养双师型教师。笔者有幸参与广东省教育厅物流青年教师企业挂职培训项目，以此为基础笔者认为，项目实施中可采取以下八点做法。

（1）企业的选择须符合物流未来的主流业态。物流未来的主流业态有冷链物流、电商物流和跨境物流。

（2）所选企业在管理和文化建设方面要领先于同行业的其他企业。物流企业以国际型、国营型、上市型和业态龙头型为首选对象。

（3）教师到企业轮岗并担任部门主管助理。一方面学习现场岗位技能和操作；另一方面了解与协助解决管理问题。

（4）教师参与管理会议，了解作业异常和解法。教师可以通过作业异常发现管理问题，根据理论提出解决方案，学以致用！

（5）教师要为各岗位编写新人培训手册。了解作业流程和作业异常管理方法就可以抓住流程中的技能关键点和培训重难点。

（6）教师承担各部门新人入职培训任务。根据培训手册对新人进行培训，在培训中实现教师与新人的教学相长，教师需完善培训

手册。

（7）教师需将完善后的培训手册转换为教材。

（8）培训体系由协办机构负责设计，配套的辅导和过程评价也由协办机构负责，由用人单位担任总考核。

经过3个月的现场挂职与2个月的教材转换，教师可以独立完成物流实训教材的开发。通过教材不仅可以了解企业详细的作业流程，还可以了解企业管理技术的应用和企业工匠文化的塑造。一学期后，教师便会成为一位具有动手能力和管理能力的真正双师型教师。

2. 现代学徒制中的双导师制

教育部建议由教师负责理论教学，由来自企业的兼职教师负责实训教学或担任实习导师。笔者分析英国与德国现代学徒制的优点后，建议学徒在企业实习期间，由教师担任评估师，根据岗位标准，采用过程评价的方式来评价学徒的学习成果，以确保培训质量。同时，引进第三方评价机制，由第三方评估机构对评估师的评估质量进行监控。这样，就可以确保教育部版现代学徒制的教学高质量落地和更加完善。具有中国特色的现代学徒制必超越英德模式！

以英国和德国现代学徒制为例，评估师（专业教师）必须学会评估技术（11种科学评估方法），必须根据国家或行业职业标准（包含应知知识条文、应会技能条文，也隐含素养要求）对学徒进行评估；由第三方评估机构根据学徒学习过程所产生的大量证据来判断学徒是否学习合格，可否获得相应证书。这是英德两国现代学徒制的精髓所在。

为了提升现代学徒制双导师制的质量，笔者在项目导入前会建议学校安排评估师团队前往合作企业挂职培训（比照广东模式），先让教师团队成为真正的双师型教师团队。而企业的兼职教师，是以企业内部培训师为骨干的一支专业队伍，已具备良好的培训能力。也有学校校长建议项目导入前应为评估师教授相应的职业素养课程，笔者正在尝试中。

目前笔者辅导职业院校导入的现代学徒制，是以教育部版的现代学徒制为基础并融入英国和德国元素的现代学徒制，该种现代学徒制获得良好的反响。简列如下。

（1）校长会说："真正锻炼出一批双师型教师，解决了学生就业问题。"

（2）教学主任会说："教师学会了如何建立教学标准体系，今后能更好地开展教学改革。"

（3）评估师会说："学徒主动学习、爱学习，我引以为傲；我受企业导师尊重。"

（4）企业导师会说："我对带学徒越来越有心得，提升了我对新人的培训能力，也提升了新人的能力。"

（5）企业人资主管会说："现代学徒制提升了我司培训水平，可将其应用于其他工种。"

（6）企业老总会说："解决了人才短缺的问题以及在素质培养、

培训质量和干部培养等方面存在的问题。”

注：导入学校与合作企业有广州市商贸职业学校+天图物流；山东省潍坊商业学校+顺丰速运（集团）有限公司；武汉市财政学校+九州通医药集团股份有限公司；广西职业技术学院+德邦物流；武汉市供销商业学校+湖北顺丰速运有限公司；东莞市技师学院+美宜佳便利店有限公司；无锡旅游商贸高等职业技术学校+凯悦国际酒店；柳州职业技术学院+广西南宁市乐意客餐饮投资有限公司；深圳市第一职业技术学校+彩运物流有限公司；东莞理工学院城市学院+东莞市彩业企业管理有限公司；还有上海市南湖职业学校导入前规划项目等。

九、现代学徒制是校企育才的共同战略

企业发展的关键要素有市场、资金、人才和技术。市场的开发与产品销售需要人才，资金的取得、运用与管理也需要人才，技术更是依赖人才的研发。人才是企业发展关键要素中的关键！学校是企业人才供给方，职业院校培养人才是国家经济和社会发展所需。校企双方的人才培养和发展的目标是互通的，并且有紧密的关系！

企业将人才划分为技术人才、管理人才和经营人才。大部分人沿着职业发展“阶梯”拾级而上：由技术层进入管理层，由管理层

再进入经营层。现代学徒制对于企业培养技术层人才非常有效，它符合科学原理和可靠性系统原理。以英国现代学徒制为例说明如下。

（1）现代学徒制建立在岗位标准上：每个岗位标准包含岗位的知识、岗位的技能与应具备的素养。有了此标准，学徒的学习成效才能被衡量，从而确保培训质量。

（2）现代学徒制建立在质量管理体系上：企业导师（师傅）指导学徒的学习，由评估师（专业教师）评估，评估师的管控质量由内审员来评估，内审员的管控质量由外审员来评估。多层的质量管控确保项目质量。

（3）现代学徒制建立在学徒学习证据上：学徒经过企业导师的指导，学习完成后必须提交学习证据供评估师、内审员和外审员三层审核，审核通过后才能确定企业导师（师傅）的“教”与学徒的“学”是符合质量标准的（即合格）。

（4）现代学徒制为企业“量身定制”：满足客户需求是质量管理的第一课，现代学徒制中学徒的学习内容（或框架）是根据企业岗位的能力要求设计的。以客户需求为先的人才培养方案，才能受用人单位青睐，校企才能深度融合。

（5）现代学徒制为学徒“量身定制”：评估师确定评估学徒所采用的取证方法时需要考虑学徒的学习能力和学习爱好。以人为本的人才培养模式才有助于激发学习者的学习兴趣。

（6）现代学徒制建立在翻转课堂的教学方法上：评估师每周前往企业评估学徒，评估完成后，要布置好下周的学习任务。学徒有一周的时间在企业里向师傅学习和提供学习证据。

（7）现代学徒制的实施建立在标准程序上：整个项目的实施有一套严谨的程序，在选择企业、企业导师、学徒、评估师，拜访学徒程序和举办会议（如团队会议、项目管理会议）等方面都有对应的标准。

（8）现代学徒制的实施建立在工匠精神上：项目的实施必须按计划（时程）执行，因此，拜访计划、周报告、月总结、标准化会议、团队会议和项目管理会议都是确保项目有序执行的控制点。工匠精神是质量管理的文化元素，也是基本职业素养的内涵。

（9）现代学徒制的实施建立在过程评价上：企业对人的管理是实时的，对工作质量也是实时监控的。现代学徒制对学徒的培训评估采用过程评价。

（10）现代学徒制的实施建立在全程管控上：初始评估属于事前管控环节、评估师的过程评价属于事中管控环节、内审员与外审员的阶段性评估属于事后管控环节。

综合以上特性，现代学徒制是一套符合科学原理和质量管理理论的人才培训体系。不只职业院校适用，本科生或研究生的培养也适用，英国已经尝试在本科教育阶段推行现代学徒制。根据笔者辅导现代学徒制的经验，企业设立企业大学，再与学校合作推行现代学徒制，也能见真效！

十、现代学徒制整合创新模式经验谈

（一）检核点

根据教育部的现代学徒制试点工作意见，各个学校导入现代学徒制时，应该包含下列检核点。

1. 招生招工一体化

（1）校企共同研制招生与招工方案。

（2）试点招生计划纳入学校年度招生计划并进行统一管理。

2. 校企共同育人方案实施

（1）校企共同研制人才培养方案。

（2）校企共同开发课程与教材。

（3）校企共同制订教学实施计划。

（4）校企共同组织考核评价。

（5）校企共同开展教学研究。

（6）校企签订现代学徒制合作协议。

(7) 学校负责学徒的专业知识与技能训练，企业负责学徒的岗位技能训练。

3. 师资队伍建设

(1) 建立流动编制或设置兼职教师岗位。

(2) 明确成为企业导师的条件与企业导师的报酬。

(3) 将项目成果作为教师考核与晋升专业技术职务的依据。

4. 与现代学徒制相适应的教学管理与运行机制

(1) 校企共建质量管理体系。

(2) 校企共同加强过程管理。

(3) 校企共同制定学徒管理办法。

(4) 采用工学交替方式，实施弹性学制。

(5) 校企共同评价考核学徒。

根据笔者的研究与认知，上述 2、3、4 是国家示范性高等职业院校建设内容的再深化，最大特色是加大注入企业元素，让企业和学校共同参与、共同育人。而 1 更是凸显了中国现代学徒制的特点，在学生的双重身份方面有别于英国与德国的现代学徒制。

（二）英国与德国现代学徒制的共同优点

1. 国家或行业职业标准

英国或德国对于学徒的培训或培养是根据国家或行业职业标准进行的，其内容包含岗位知识、技能和素养。职业标准由职教专家、行业专家和标准专家共同制定，每两年更新一次。有了共同的准则，才容易实现过程评价和第三方评估，才容易培养出比企业自行培养更优质的学徒，这正是现代学徒制的生命力所在。

2. 评估方法

英国的现代学徒制有 11 种科学的评估方法，如观察法、引导式讨论法等，正确使用评估方法是现代学徒制的核心，也是考训分离的精髓。通过这些方法来取得学徒的学习证据，判断学徒的学习是否达到标准条文的要求，学习证据是评估师（德国的培训师）、内审员或外审员（德国的考官）判断学徒学习是否合格的重要依据，这有别于传统学徒制或师徒制的师傅（企业导师）个人的主观判断。

3. 三层质量保障

英国现代学徒制有三层质量保障：评估师、内审员、外审员；德国现代学徒制有两层质量保障：培训师与考官。有了职业标准和学习证据，才可以科学地分工，让考训分离，让评估体系更加客观和可信。同时，这也符合 ISO 9000 质量管理体系中持续改进的理念。

借鉴上述三个优点，可让我国现代学徒制更能落到实处，让具有中国特色的现代学徒制的培训质量更出彩、更有效，让现代学徒制更受企业的欢迎。

（三）现代学徒制整合创新模式介绍

现代学徒制整合创新模式就是融合国内外现代学徒制的实践经验，考虑可行性而提出的。按项目导入步骤和按学制时程计划分别说明如下。

按项目导入步骤说明如下。

1. 寻找合适企业

（1）合作的企业必须导入 ISO 9000 质量管理体系。

（2）企业的规模不宜太小，以物流企业为例，员工数应在 300 人以上。

（3）企业与学校距离不宜太远，以节约校企双方人员往返成本。

2. 挑选合适学徒

（1）企业前往学校宣讲员工的职业发展。

（2）学生自行判断是否报名参加现代学徒制项目。

（3）企业对有意愿的学生进行面试并挑选学徒。

3. 项目导入前培训评估师

（1）按我国国情，评估师的角色最宜由学校的专业教师来担任。

（2）项目导入前，专业教师先到合作企业挂职，学习流程与现场管理。

（3）项目导入前，专业教师接受培训，学习职业标准、评估方法和评估体系。

4. 项目导入前培训学徒

（1）项目导入前，学徒先接受企业核心价值观方面的培训，了解工匠精神的重要性。

（2）项目导入前，学徒进行自我职业规划训练，明确自己的职业计划与目标。

5. 项目导入前培训企业导师

（1）企业导师（师傅）要接受教师教学能力培训，要清楚学生的特性与权益。

（2）企业导师最好也能参加职业培训师培训（TTT 培训）课程，提升培训素养。

6. 激励机制设计

（1）评估师：评估师到企业指导学徒，每周至少一天，须享有课时费的保障。

（2）企业导师：在学徒跟岗和轮岗时期，应给予企业导师额外带徒任务的报酬。

（3）学徒：对于表现优秀的学徒也应该给予不同等级的奖学金或公开表扬。

7. 启动会议

（1）学校向企业说明项目目标、项目实施计划和项目的质量管理体系。

（2）举行拜师活动，让项目成员相互熟悉，加快融入教与学新环境。

（3）评估师对学徒进行初始评估并布置第一周的学习任务。

8. 评估师定期拜访学徒

（1）评估师每周拜访学徒一次，对学徒的学习进行评估与指导。

（2）评估师与学徒共同完成周报告和月总结的编写。

9. 内审员编写阶段性项目质量管理报告

（1）内审员每月到现场对评估师进行观察评估。

（2）内审员编写每季度项目质量管理报告，对评估师与学徒进行分级评价。

（3）项目结束后，外审员要出一份评估总结报告，向合格者颁发合格证书。

10. 应用与推广

（1）评估师根据项目心得发表论文和制作宣传册。

（2）学校组织评估师对内或对外推广，让现代学徒制更加普及。

按学制时程计划（以 2. 5+0. 5 学制为例）说明如下。

1. 导入准备期

（1）校企联合制订招生与招工计划。

（2）校企共同制订现代学徒制教学方案。

（3）专业教师到企业岗位挂职锻炼。

（4）校企共同制定实训、实习课程标准。

（5）兼职教师接受教师教学能力培训。

（6）校企共同开发实训实习教材。

2. 第一学年

（1）学徒在校学习公共基础课（教育部规定）。

（2）安排学徒到企业进行认知学习（体现工学交替）。

（3）兼职教师通过选修课指导学徒了解职业道德和企业价值观。

3. 第二学年

（1）学徒在校学习核心技能课和专业课。

（2）安排学徒到企业实习（体现工学交替）。

（3）兼职教师负责学徒在校的实训、实习课程，指导学徒提升动手操作能力。

4. 第三学年

（1）第五学期安排学徒到企业进行跟岗与轮岗综合实训，由双导师指导。

（2）第六学期安排学徒在企业进行顶岗实习，企业支付学徒实习工资。

对于上述整合创新模式，已经成功导入的学校有：广州市商贸职业学校（合作企业：天图物流）、山东省潍坊商业学校［合作企业：顺丰速运（集团）有限公司］、武汉市财政学校（合作企业：九州通医药集团股份有限公司）、广西职业技术学院（合作企业：德邦物流）、武汉市供销商业学校（合作企业：湖北顺丰速运有限公司）、无锡旅游商贸高等职业技术学校（合作企业：凯悦国际酒店）、上海市南湖职业学校等。另外，成功导入此模式的企业有美宜佳商学院（合作院校：东莞理工学院）。

十一、教育部现代学徒制试点项目导入捷径

1. 教育部现代学徒制试点要求

站在学校的立场，对现代学徒制有三个要求：入校即入厂、上课即上岗、校企联合培养。

（1）入校即入厂：学生入学即有明确的就业单位，常采用校企联合招生或订单班等方式。采用该方式的企业大多对学徒的技术含量要求高，如汽车制造企业等，或流动性大，如流通企业、物流企业等。

（2）上课即上岗：学生的学习场所不限于学校，也可以是企业。同理，指导学生的不仅可以是学校的教师，也可以是企业的师傅。通常是理论课程由学校教师教授，实训课程由企业师傅教授，双方也可以共同开发理实一体化的教材或实训教材。

（3）校企联合培养：校企联合培养主要体现在学校教师指导理论、企业师傅指导实操；学生在校三年的身份既是学生、又是学徒；学习的场所既可以是学校、又可以是企业。学生的学习考核由学校与企业共同负责。

2. 英国现代学徒制的核心元素

英国现代学徒制有三个核心元素：职业标准、评估方法、评估体系。

（1）职业标准：英国的职业标准分为国家职业标准、行业职业标准、企业职业标准；英国国家职业标准来自行业职业标准，而行业职业标准又参考企业职业标准，职业标准由行业专家、标准专家、职教专家三类专家共同制定。目前英国的国家职业标准已涵盖 100 多个行业，如汽车行业、工程行业、物流行业、流通行业、电商行业、美发行业、酒店行业等，越是成熟的行业，如汽车行业、物流行业等，其标准越完善。

（2）评估方法：英国采用 11 种评估方法对学徒的学习进行评估，可以根据学徒的个性进行选用，加上采取过程考核方式，学徒的学习效果特别明显。

（3）评估体系：英国现代学徒制的评估体系分为评估师、内审员、外审员三级考核。评估师和内审员由培训机构负责，外审员由颁证机构负责；学徒学习是否通过，由外审员最终决定。在三层把关下，可以确保培训质量。

3. 两者间的差异与融合

根据上述解析，两者的差异如下。

（1）体系有别：英国现代学徒制已有明确的评估体系和评估方

法，属于职业培训；而教育部现代学徒制试点是在现行职教体系中加入企业共育元素，属于职业教育。

（2）身份有别：英国现代学徒制的学徒身份是员工；教育部现代学徒制试点的学徒是双重身份（学生和学徒）。

（3）教材有别：英国现代学徒制以职业标准为指导，开发教材；教育部现代学徒制试点以企业相关标准为指导，开发教材。

（4）评估有别：英国现代学徒制采用第三方评估；教育部现代学徒制试点没有明确要求。

（5）质保有别：英国现代学徒制采用三层评估保证培训质量；教育部现代学徒制试点没有明确要求。

（6）证书有别：英国现代学徒制的学徒通过考核取得职业资格证书；教育部现代学徒制试点没有明确要求。

两者需有效融合，教育部现代学徒制试点应取英国现代学徒制之长，让试点院校取得更大的成效，具体如下。

（1）入校即入厂：可以采用校企联合招生和订单班方式确定学徒。前两年由学校根据专业教学标准进行培养，其间可以安排学生到企业进行认知实习和体验实习；第三年上半年借鉴英国模式（指英国现代学徒制模式），学生到企业进行学徒跟岗学习，以国家或行业的职业标准为教材，采用英国的 11 种评估方法进行过程考核并接受第三方的评估，这样，必能确保培训质量，帮助企业培养出更优秀的人才；第三年下半年，学徒就可以顶岗实习，成为企业的准员工，为企业做出贡献。

（2）上课即上岗：学生经由认知实习、体验实习、跟岗实习和顶岗实习来体现上课即上岗。

（3）校企共育：学校可以聘请企业主管作为兼职教师参与到理实一体化正常教学或实训教学之中；在学生第三年的跟岗实习中，学校也可安排教师到企业担任评估师并考核学徒，从而协助企业导师培养人才。

4. 结论与建议

教育部的现代学徒制试点项目已经实施两年了，对于如何立竿见影、如何减少摸索、如何真正帮助企业等问题，建议各试点学校向导入现代学徒制成功的学校取经和学习。上述的融合做法就是提炼自国内多个职业院校导入现代学徒制成功的经验。具体说明如下。

（1）广州市商贸职业学校：与天图物流合作育才，采用英国模式，于第二学年导入现代学徒制，导入成功后决定将导入现代学徒制时间调整为第三学年，这样会更有助于学生就业，同时，学校决定全面导入现代学徒制并实施。企业也借助英国模式，针对在职员工进行内训模式大改革。

（2）山东省潍坊商业学校：与顺丰速运（集团）有限公司合作育才，采用英国模式，于第三学年导入现代学徒制，导入成功后决定与顺丰速运（集团）有限公司扩大合作，同时决定将现代学徒制推广到整个商贸专业群。

（3）美宜佳商学院：该校属于企业大学，采用英国模式，与当地本科和高职院校合作，针对储备店长进行培训，导入现代学徒制成功后，除了扩大培养规模外，也更多地针对管理岗位进行培养，如针对加盟服务课长岗位，采用现代学徒制模式进行培养。

（4）柳州职业技术学院：与敦豪航空货运公司（DHL）合作，采用英国模式，于第三学年导入现代学徒制，导入成功后已决定向其他专业推广。该校工程类专业也引进了德国现代学徒制模式进行人才培养，两相比较，还是觉得英国模式更符合国情，培训质量更有保障。

除了上述四个案例外，武汉、南宁、深圳、厦门、无锡等也会陆续产出新的成功案例。

本部分最后的建议如下。

（1）教育部试点学校，不仅要吃透文件精神，更要借助已成功导入现代学徒制的学校的经验，选择正确的实施路径，减少摸索期，这样有利于试点项目结案通过。

（2）导入现代学徒制成功的学校的合格评估师应继续接受内审员的培训，让学校成为现代学徒制的培训机构，进而服务当地社会，实现国家新教育政策目标。

（3）导入现代学徒制成功的企业的合格评估师也应继续接受内审员的培训，让企业的培训部升格为企业大学并全面改革企业人才培养模式，企业应主动和各级学校合作，配合产业转型升级，培养出具有国际水平的优秀人才，为企业发展带来新力量。

十二、现代学徒制是后示范校建设最佳抓手

目前示范校建设虽然取得了明显的成绩，但在人才培养、教师体系建设等方面仍存在体系化、制度化、可持续发展的问题，因此一种更加完善、可持续的人才培养模式——现代学徒制伴随着后示范校建设应运而生。本部分首先总结分析示范校建设存在的问题，然后从现代学徒制的内涵建设、师资队伍建设、校企合作等方面进行介绍，现代学徒制为示范校建设存在的问题提供了有效解决方案。

（一）示范校建设存在的问题

1. 人才培养模式体系化有难度

示范校建设人才培养是指通过校企合作、顶岗实习，构建“工学结合”“订单培养”等人才培养模式。该人才培养模式，主要以当地企业岗位需求为导向，由于不同区域有不同的特征，因此难以实现体系化。一方面，人才培养具有区域性，不同区域的经济、教育、文化发展不同，人才培养规格不同，所以难以形成体系；另一

方面，因为各地政府政策、企业发展需求、学校运行体制等不同，人才培养力度各不相同，所以难以形成完善的保障体系、质量管理体系等。

2. 理实一体化教学不易推广

示范校建设意在创新教学方式，建立以职业为导向的教学模式，深入开展理实一体化教学，优化教学过程，提高教学质量。但在实际操作中，理实一体化教学却面临着制度上的限制。目前，在国内，学校对教师的认可，过分偏向于科研学术能力，客观上形成了“不问能力贡献，但求SCI（科学引文索引）”的制度“误导”。对于教师再培训，尤其是下企业再培训，没有明确的政策支持与待遇保障。许多教师为了年终评级与评职称，就更倾向于去实现量化的教学课时评定要求，对于一线实践能力的培养也就相应淡化和忽略了。

3. 取得职业资格证书不代表就是双师型教师

在示范校建设过程中，一些专业课教师缺少重要的企业经历和生产现场的实践经验，不了解企业生产、技术、经营等情况，双师型教师名不副实，只是有两个职业资格证书而已，甚至还出现教师持有的职业资格证书与所教专业不一致的情况。这样的双师型教师与普通的专业课教师并没有多大区别，加上我国的职业资格证书（特别是行业技能等级证书）制度还不健全、不完善，职业资格证书与实践技能的等值性值得考量。

4. 校企深度合作的可持续难点

随着示范校建设工作的不断推进，各院校的校企合作在广度和深度方面都有很大的进步和发展，人才培养模式也各放异彩。依据国外职业教育校企合作的成功经验及国内示范校的显示情况来看，我国校企合作的紧密度和深度显然还不够，主要表现是合作多数停留在浅层次，如企业仅提供设备、工位，而职业教育的课程设置、实训考核等校企双方双赢的合作模式并没有深入开展。出现这种情况的主要原因在于缺乏有力的政策法规支持以及由学校和企业的运作体制不同而造成的管理困难与企业积极性不高。

5. 通过验收不代表会持续实施

完成示范校建设项目的学校撰写项目总结报告，申请验收，相关部门组织评估验收，对通过验收的学校授予“国家中等职业教育改革发展示范学校”称号，予以挂牌。

但通过验收后，由于示范校在人才培养模式、教师教学模式、校企合作模式方面并无相关体系、制度保障，缺乏相关约束，因此难以持续实施。

（二）现代学徒制的内涵建设

现代学徒制是由企业与学校共同推进的一项新型的培养人才的

模式，通过校企联合招生、共同参与人才培养全过程，将传统培训学徒的方法与现代职业教育相结合，深化校企合作，共同培养出企业需要的高素质技能型、高素质应用型人才。

1. 现代学徒制是一种体系化职业培训方式

现代学徒制体系架构，主要是由学校、企业、现代学徒制培训机构、现代学徒制颁证机构、教育主管单位等多方参与构成的金字塔形体系架构，如图 12-1 所示。

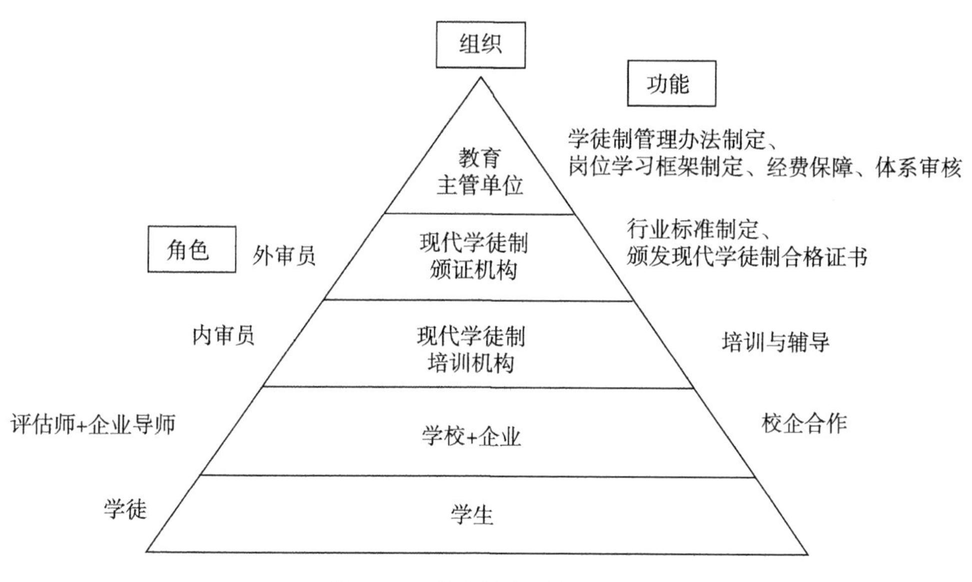

图 12-1　现代学徒制体系架构

在现代学徒制评估体系中，学校提供学徒与评估师，评估师对学徒进行评估与考核；培训机构提供内审员，内审员对评估师的工作进行考核；颁证机构提供外审员，外审员对内审员工作质量进行考核，同时颁证机构为合格的学徒、评估师颁发相应证书；教育主管单位主要为现代学徒制提供政策支持与经费保障等。通过层层质量把控，保证学徒学习质量。同时，评估师辅导学徒学习国家职业标准，企业导师辅导学徒学习企业标准作业程序，形成“双导师、双标准”培训辅导体系，保证学徒职业素养、职业技能的快速提升。

2. 现代学徒制采用理实一体化教学方式

现代学徒制要求将学校的知识/理论学习与企业的技能学习相整合，学徒的学习内容包括国家职业标准和企业标准作业程序。评估师教授学徒国家职业标准，为学徒制订学习计划，定期拜访学徒，通过审核、评估学徒学习证据来保证学徒的学习满足国家职业标准要求；企业导师教授学徒企业标准作业程序。通过审核学徒相应学习证据来保证其所学所做既满足国家职业标准，又满足企业标准作业程序。“学中做、做中学”，通过理实一体化的教学方式，全方面提升学徒的职业素养与职业技能。

3. 现代学徒制采用翻转课堂教学方式

在现代学徒制评估流程中，评估师在每次评估工作结束前，与学徒共同商量下一次评估单元标准的学习与取证方法。这样学徒便可提前进行现代学徒制评估单元标准的学习与取证，评估师在评估当天，对学徒的学习结果（取证证据）进行审核与评估，提出反馈意见，学徒对取证证据进行相应的修改与完善。整个过程采用翻转课堂教学方式，该教学方式可加深学徒学习印象。

4. 现代学徒制采用“做中学、做中教”方式

在现代学徒制实施过程中，学徒主要学习地点是企业，通过参与企业相关作业，学习国家职业标准和企业标准作业程序，实现“做中学”。评估师每周去企业拜访学徒，评估学徒学习证据，辅导与培训学徒相关评估单元标准的学习与取证；企业导师通过相关作业操作，教授学徒企业标准作业程序，双管齐下，实现“做中教”。

5. 现代学徒制采用工作过程教学方式

通过校企合作，学徒在企业导师的帮助与指导下，依据企业标准作业程序，有针对性地加强岗位技能训练。通过真实的岗位参与及管理的全过程，学徒在重点训练岗位技能的同时，还可以熟悉工作环境，学会与人相处，在工作过程中可以培养学徒应对工作中突发事件的能力及爱岗敬业精神。

6. 现代学徒制采用过程评价方式

现代学徒制采用过程评价方式，主要体现在：①学徒在现代学徒制实施过程中，通过过程性的学习，掌握相关知识与技能，评估师依据学徒学习的相应过程，对学徒学习效果进行阶段性评估，并依据阶段性评估结果给予学徒相应的反馈与评价；②内审员依据评估师在评估阶段或评估过程中的表现对评估师进行评估，并依据评

估结果，给出相应的评价建议。

7. 现代学徒制与职业资格证书结合

学徒参与现代学徒制项目，学习国家职业标准与企业标准作业程序，评估师、企业导师以及相关人员对学徒进行全程考核与评估，合格的学徒即可获得相应行业的职业资格证书，实现毕业证书与职业资格证书的对接。

8. 现代学徒制为企业“量身定制”人才

现代学徒制为企业“量身定制”人才，主要体现在两方面：一是企业参与国家职业标准的制定，学徒通过学习国家职业标准，可具备企业所需要的职业素养与职业技能；二是企业是现代学徒制培训的主要场所，学徒所学即为企业用人所需。

9. 引入第三方评估认证机构

在传统的顶岗实习中，学校与企业是两大主体，然而，随着全球化和市场经济的影响，传统顶岗实习的质量越发不尽人意，企业愿意提供的实习岗位数量越来越少，学生实习效果也不太理想。在现代学徒制评估体系中，加入第三方评估认证机构，一方面，起到联系企业与学徒的作用，承担起相关教学培训评估任务；另一方面，通过第三方评估认证，层层评估审核，严格保证学徒学习质量。

（三）现代学徒制推动双师型建设

1. 教师担任评估师，充分了解企业相关标准

在现代学徒制评估体系中，学校的教师可以担任评估师，其主要职责是辅导与评估学徒。评估师依据国家职业标准，结合企业标准作业程序，评估、审核学徒证据，确保学徒学习质量，这就要求教师自身要深入了解企业相关标准，对相关知识点、技能点理解透彻，这样才能保证正确有效地开展评估工作。

同时，教师通过担任评估师，充分了解企业相关标准，可有效地锻炼教师的实践能力，推动双师型队伍的建设。

2. 教师融入企业，了解企业人才需求

在现代学徒制实施过程中，教师担任评估师，每周去企业对学徒进行评估，与企业导师、学徒进行交流，了解企业运作流程，熟悉学徒岗位技能点，深度融入企业，真正了解企业人才需求。

教师融入企业，了解企业人才需求，一方面，可以保证评估工作的顺利进行；另一方面，可加强自身的实践能力。从而教师在后续教学中，可使教学内容、教学环节更加贴近企业实际运作，使培养的学生更加切合企业实际需求。

3. 教师可根据学徒制级别逐步自我提升

在现代学徒制中，依据学徒自身能力及学习情况，将学徒分为不同等级，教师在担任评估师工作时，随着学徒等级的逐步提升，其能力也逐步提升。

4. 教师取得评估师资格后可升为内审员

在现代学徒制中，教师担任评估师，辅导与评估学徒，当项目结束，学徒整体评估合格，学徒可获得相应的培训合格证书，评估师可获得相应的评估师合格证书，此时，评估师可担任内审员，对新的评估师进行评估与考核，并在新评估师获取评估师合格证书时，取得内审员资格证书。

（四）现代学徒制与校企合作

1. 可以完全实现双师育人

现代学徒制区别于以往的顶岗实习、师徒制，在现代学徒制中有两位培训师共同辅导培育学徒，一位是评估师（学校教师或专业评估师），教授学徒国家职业标准，让学徒具备职业素养和综合能力，为企业培养具有发展潜力的员工；另一位是企业导师（主管），培训学徒岗位技能，指导学徒按照企业标准作业程序工作，让学徒早日上手为企业创造效益。

2. 可为个别企业“量身定制”人才

现代学徒制实施前，学校、培训机构，前往企业现场调研，收集整理相关资料，依据企业需求，结合学校人才培养目标，制定学徒学习框架，学徒学习框架需切合企业实际需求；评估机构根据企业以及学徒的实际情况，结合国家职业标准为学徒“量身定制”培训课程，学徒培训课程与企业岗位技能密切相关，可实现个性化、定制化培养企业需求人才。

3. 可以提升学徒就业质量

目前，物流企业面临的问题有很多，如学校的实习生入职比例低、企业新聘员工离职率偏高、企业在职员工执行力差、企业现场干部管理不到位等；学校面临的问题也很多，如学生能力不强、实践经验不多、就业质量不高等。通过校企共同实施现代学徒制培养模式，突出企业、学校“双主体”作用，实现“招生即招工、入校即入厂、校企联合培养”的职业教育模式，更好地推进“专业设置与产业需求对接、课程内容与职业标准对接、教学过程与生产过程对接、毕业证书与职业资格证书对接”，从而提高人才培养质量，提升学徒就业质量。

4. 企业主管寻求与学校合作

通过学习国家职业标准与企业标准作业程序，优秀的学徒毕业后可直接入职企业，胜任企业岗位工作，为企业创造效益。企业人才培养周期缩短、培养质量大幅提升。企业主管主动寻求与学校合作，定向培养学徒，提前储备企业所需人才。

5. 根本解决顶岗实习问题

在顶岗实习中，每位学徒只有一位企业导师，学徒按照企业标准作业程序进行作业，学徒的学习质量由企业导师及相关负责人进行考核与把控。此种模式下，一方面，学徒只进行岗位技能的学习，缺乏与岗位相关的素养与知识培训；另一方面，企业导师及相关人员考核学徒学习情况，存在一定的主观性，学徒学习质量与效果有待考量。

现代学徒制可有效解决顶岗实习存在的问题，主要体现在：①引入“双标准”教学，学徒既需要学习国家职业标准，也需要学习企业标准作业程序，职业素养与职业技能同步提升；②引入双导师制，评估师与企业导师共同培养学徒，学徒学习效果更有保障；③引入第三方机构评估、认证，层层把控与考核学徒学习质量，使评估更具公平性，让学徒学习质量更有保障。

随着一批批示范校建设项目的评估与验收，示范校建设过程中人才培养、教师体系建设等方面存在的体系化、制度化、可持续发展问题也随之产生。

针对示范校建设存在的问题，现代学徒制作为一种新型的人才培养模式，通过校企深度融合，实行“双标准”教学、双导师制，借助第三方评估认证机构，层层把关、考核，保证人才培养质量，在切实提升双师型教师水平的同时，制度化和体系化为人才培养的可持续发展提供了保证。

十三、第三方评估机制是现代学徒制的“质保门神”

英国现代学徒制的利害相关方有企业、评估机构（内审员）、颁证机构（外审员）三个单位，学徒是企业新招聘的员工或在职主管。美宜佳便利店有限公司是国内第一家导入现代学徒制培养各级主管的连锁企业，其利害相关方有美宜佳总公司、美宜佳商学院（内审员）、颁证单位（外审员），也是三个单位。中国物流与采购联合会作为教育部第一批试点颁证机构，建立中物联模式的现代学徒制，其利害相关方有：企业（企业导师）、学校（评估师）、培训机构（内审员）、颁证机构（外审员）四个单位。内审员与外审员属于第三方评估，负责评估学徒的岗位能力（知识、技能、素养）是否达到职业标准水平。如果没有第三方评估机制，现代学徒制很容易沦为深度校企合作项目。

在英国，现代学徒制对第三方评估的设计如下。

（1）学徒的学习成果必须转为证据。内审员和外审员需要根据证据来判断学徒的学习是否到位。师傅是否把学徒教到位，是由内审员和外审员两层把关确定的，而非师傅一人说了算。

（2）内审员必须先接受评估师和内审员的两道训练并取得合格证书。外审员必须取得内审员资格并实际担任过内审评估业务。

（3）采用过程评估法，让“训”与“用”同步进行，这样才能保证质量的稳定性。

教育部中国特色现代学徒制要求采用多元评估模式，除校企双方外，还鼓励当地行业协会参与评估。根据笔者辅导经验，试点单位如果能借鉴英国模式建立第三方评估体系，学徒的培训效果可立竿见影，甚至可以培养出比企业自行培养还优秀的员工，这样一来，从第二期起，企业就会主动寻求与学校扩大合作范围！

十四、谈现代学徒制与工匠精神

社会组织形态基本上都是金字塔形，在管理学理论中，这个金字塔分为三层：技术层、管理层和经营层。而人的成长过程，基本上都是由底层发展到顶层，即所谓的爬金字塔。在爬金字塔的过程中，各行各业中具备工匠精神的职业人，虽不一定每个人都会登顶，但相对会爬得比较快、比较高。根据马斯洛的人类需求理论，人类需求可分为生理需求、安全需求、社会需求、尊重需求和自我实现需求。这与管理学的金字塔有异曲同工之妙：刚步入社会的职业人期待尽快融入团队，被团队接受，成为团队的一员；当获得团队成员与领导的信任，晋升为主管后，将会获得更多的尊重；获得尊重后，期待自己成为一位出色的企业家或创业家，同艺术家一样，乐在工作，追求自我实现。

现代学徒制就是在帮助新进职业人加快经历技术层磨炼阶段，尽早成为师傅，进入管理层。在英国的职业标准里，除了知识、技能外，还特别强调职业素养：为企业创造价值、为客户提供有效服务，工作中注意健康与安全以及与团队成员相互协作。这些职业素养，是培养工匠精神不可或缺的。在德国的双元制里，除了理论知识外，还特别重视工艺的精准度以及追求精益求精，这也是培养工匠精神不可或缺的。中国台湾经营之神王永庆先生（富士康董事长郭台铭最尊敬的前辈）提出的“止于至善”的生产管理理念，正是工匠精神的最佳写照，他的理念为中国台湾的经济奇迹注入了重要元素。ISO 9000 质量管理体系强调持续改进，这也是工匠精神的追求与坚持。笔者辅导学校或企业导入现代学徒制时，也会培养学徒的工匠精神。主要内容如下。

（1）每天自问如何做得更多和做得更好。

（2）如何培养“追求第一等”的工作态度。

（3）如何与时间赛跑，不断地提升工作效率。

（4）如何不断地超越自己，不停地追求卓越。

（5）工作遇到难点，如何将之视为自我成长的好机会。

（6）工作遇到挫折，如何勇敢地站起来并将其转换为垫脚石。

（7）如何成为团队中最受爱戴、最受尊敬的一员。

（8）如何培养不怕吃亏、不怕困难、勇于承担责任的品质。

（9）如何培养十年如一日的好习惯，立下铁杵磨成绣花针的决心。

（10）如何锻炼十年磨一剑的好心志，确立目标并为目标奋战到底。

总之，工欲善其事、必先利其器，培养工匠精神先要培养自身的专注力，而专注力取决于一个人的体力、心力与耐力。体力的培养，可以借助运动或劳动；心力的培养，可以借助静坐或信念；耐力的培养，可以借助信心与兴趣。成功不在于知道方法，而在于实践。笔者认为培养工匠精神亦然，尽在“乐在工作”之中！

上海环众咨询